U0574641

The Evolution of
Financial Institutions
in Europe

中外经济比较研究

欧洲金融组织
演化史

孙菁蔚 ◎ 著

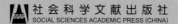

社会科学文献出版社
SOCIAL SCIENCES ACADEMIC PRESS (CHINA)

"中外经济比较研究"丛书总序

　　"文革"后,中央财经大学的经济史研究一直在进行,仅因专职人员调离学校受到过一定的影响。进入 21 世纪以来,随着经济系,特别是经济学院的建立,经济史学科受到校、院各级领导的高度重视,学校开始有意识地加强经济史学科人员的培养。随着中央财经大学理论经济学被确立为国家一级学科,经济史博士点很快成立。为此,经济学院专门设立了经济史研究中心和中外经济比较研究中心。在此基础上,经济学院在 2014 年专门设立了经济史学系,目前有 8 人专职从事经济史的研究;若加上分布在金融学院、财政学院、财经研究院、马克思主义学院等从事经济史研究的同仁,已达 20 人,初步形成了一个知识结构完整、老中青结合的经济史学科团队。

　　自 2014 年以来,以经济学院经济史学系为主体的研究团队,立足学科前沿,以全球化的视野,初步建立了三个学术研究与交流平台:一是设立"经济史与制度经济学"论坛,邀请国内外著名经济史学者来校做讲座,如陈争平、武力、萧国亮、贺耀敏、魏明孔等;二是举办以经济史为主题的学术研讨会,如 2015 年举办了"清朝以来中外金融制度变迁学术研讨会";三是开办双周论坛,邀请国内外中青年经济史学者来校开展以论文交流为主的学术活动,促进了经济史学科的发展。

为了促进经济史学科的发展和研究水平的提升,中央财经大学科研处在经过多方论证后,确定了以中外经济比较研究为主题的史学研究系列丛书的写作。本套丛书由我负责,计划出九本:兰日旭的《中外金融组织变迁:基于市场-技术-组织视角》,路乾的《美国银行业开放史:从权利限制到权利开放》,徐华的《从传统到现代:中国信贷风控的制度与文化》,伏霖的《经济转型与金融制度变迁:日本经验的中国镜鉴》,孙菁蔚的《欧洲金融组织演化史》,孙建华的《近代日本在华之交易所》,肖翔的《中苏(俄)银行体制演变史:从"大一统"到市场化》,马金华的《英国金融组织变迁》,徐华、徐学慎的《中国企业的资本结构、公司治理和文化基因》。

在这些研究的基础上,我们致力于打造具有中央财经大学特色的经济史学术研究平台,将经济史学科建设得更好。

兰日旭

2016 年 6 月

前　言

　　作为中央财经大学"中外经济比较研究"系列丛书的其中一本，本书侧重于欧洲国家金融组织发展演化历程的介绍，重点描绘并比较了英德两国的具体情况，将中欧金融组织的发展过程进行对比研究，对我国金融组织的完善、金融市场的健全具有一定意义。

　　全书分为两篇，共七章。第一篇主要介绍了欧洲金融组织的发展情况，包括第一至四章；第二篇主要介绍了英国和德国两个国家金融组织的发展情况，包括第五至七章。结语部分重点比较了中欧金融组织的演化历程。

　　在第一篇中，主要介绍了欧洲金融组织的发展情况，按照时间顺序分为中世纪之前、中世纪、中世纪之后至 20 世纪 50 年代以及 20 世纪 50 年代至今四个阶段。其中，第一章主要说明了欧洲金融业的历史起源，从古希腊铸币的诞生、钱币的兑换，到罗马帝国金融业的发展，再到集市贸易的兴起，以及中世纪时期意大利金融市场和金融行业的崛起。本章侧重于中世纪之前和中世纪两个阶段。在中世纪之前，金融市场和金融行业的发展处于萌芽阶段，金融组织也处于幼稚时期。因此，在中世纪之前这一阶段，重点谈及了古希腊和罗马帝国，阐明了金融市场和金融行业的发展，虽然庄园经济占据了主导地位，但信贷活动被很好地保存了下来。而集市贸易的兴起、钱币兑换商的出现促使私人银行逐渐发展起来。进入中世纪这一阶段，尤其是到 14 世纪，欧洲已经出现了从事储蓄业务的私人银行，此时文艺复兴于意大利发源，意大利的商业复兴也处于领先地位，金融行业、金融组织的发展进入了崭新的阶段。而早期银行的出现对金融组织的发展起着至关重要的作用，因此，第二章着重对早期金融业的发展进行阐述。首先，介绍了早期银行的组织结构、业务范围——这是银行业进步的表现；其次，说明了"银行家"的特殊地位使早期银行面对独特的机遇和风险；最后，简述了早期银行的衰落过程。第三章对应的时间阶段为中世纪之后至 20 世纪 50 年代，针对近代欧洲金融组织的整体情况进行了说明。中世纪之后，欧洲南部的贸易开始取得突出的进展，而北部的商业也逐渐兴起。16 世纪，由政府担保的公共银行开始大规模兴建，之后资本主义的进步则迫切地需要建立和发展资本主义商业银行，现金保管机构开始出现，证券市场、投资市场也逐渐发展起来，诱发了金融组织的深刻变革。第四章对应的时间阶段为 20 世纪 50 年代至今，着重阐述了欧洲金融业的进一步发展。由于欧洲经济的一体化，欧洲的货币、金融体系也开始一体化。在这样的大背景下，欧洲的银行组织、投资机构、证券市场拓展了自身的领域，得到进一步成长。

第二篇主要介绍了英国和德国两个国家金融组织的发展情

况。其中，第五章说明了英国金融体系的演进过程。除说明各个发展阶段中英国金融组织的组织结构、主要特征外，还探讨了英国金融组织的风险控制手段、管理绩效，尤其是针对如今地位越来越突出的农村合作金融组织，英国起步很早，已经积累了丰富的经验，形成了基本合作模式，并论述了在新环境下英国金融组织的完善情况。第六章探讨了德国金融组织的变迁过程。与英国的情况不同，德国的金融业发展相对缓慢，较晚才出现区域性的地方银行。由于第二次世界大战，德国的金融秩序受到了严重冲击，金融组织的架构发生了重大变革。第七章将英德两国的金融组织发展进行了对比，说明了英德两国各自的优势与缺陷，并将讨论扩展至欧洲大陆金融体系与英美金融体系之间的差异与共性。

结语部分主要从银行组织、投资机构、证券市场三个角度对中欧金融组织进行了对比。针对中欧金融组织的显著特点及内在联系，揭示了近代中国和欧洲金融组织的发展规律，尽管发展模式不同，进展历程有异，但对比中欧金融组织的发展历程，为我国金融组织在未来组织结构、风险控制手段、管理绩效等方面的健全和完善提供了历史借鉴和经验教训。

目　录

第一篇　欧洲金融组织发展概论

第二篇　英德金融组织发展状况

第一篇　欧洲金融组织
发展概论

第一章

欧洲金融业的历史起源

一 古希腊的金融遗产

在古希腊的租赁合同中，玉米、油和木材等物品普遍用以支付租金，这种现象颇具代表性，体现了以农业为主的地区采用实物进行支付的交易习惯。直至公元前 8 世纪末，在古希腊的斯巴达地区，牛作为房屋的等价物被用于不动产交易；奴隶们用大麦、酒和油等缴纳税款；公民被要求为公餐贡献大麦粉、酒、奶酪和无花果等，并象征性地缴纳少量货币（10 奥波尔①）。与此同时，在古希腊阿提卡半岛上，类似的情况亦十分盛行，直到其鼎盛时期才有所改变。在立法方面，德拉古②规定了对某些行为的罚款金额，而这些金额是用牛的数量来表示的。公民依据其生产的谷物和其他货物划分等级。僭主庇西特拉图③要求农

① 奥波尔是古希腊流通的一种小银币。
② Dracon，公元前 7 世纪晚期雅典政治家、立法者，以其制定的法律严酷著称。
③ Peisistratos，古希腊雅典僭主。僭主，是古希腊独有的统治者称号，是指通过政变或其他暴力手段夺取政权的独裁者。

民按收获粮食的 1/10 缴税。据古希腊史料记载，梭伦①是第一个将财政部授予的赏金兑换成硬币的人，这一举动标志着实物与货币的功能发生了微妙的变化。在雅典开始铸造货币时，铸币有着很强的购买力：1 只羊或 1 墨狄姆诺斯②的大麦（约合 1.4 蒲式耳）值 1 德拉克马③（约合 9.25 便士）。在西西里岛，富裕的城市虽然流通着精美的硬币，但直到硬币存在多年之后，人们还保持着使用玉米缴税的习惯，只是使用硬币购买小商品。④

与此同时，城市经济作为商业体系呈现前所未有的规模。天长日久，城市及其周围赖以生存的农村就构成了一个中心，设有市场，通常还有港口。根据史诗的描述，这样的商业中心在规模上日益壮大。自公元前 8 世纪起，城市经济现象愈发普遍。随着农业的进步，商品交换的数量大幅增加，交易频率也更为频繁，本地市场对于推进农村城镇化变得越发重要。一个海边城镇甚至可以扩展关系，在不改变其本质特性的情况下吸引内地人口来此消费。图 1-1 展示了古代希腊城邦的分布情况，这是较早使用金属货币的地区之一。希腊伊奥利亚的库梅尽管很富有，却一直沿袭了古老的风俗习惯，这让人们不禁嘲笑其领导者，等了三百多年才征收港口税。在希腊洛克里斯，法律迫使农民直接向消费者出售农产品。但是，只有那些将肥

---

① Solon，古希腊雅典立法家、改革家、政治家。
② Medimnus，古希腊重量单位。
③ Drachma，古希腊货币单位，通常缩写为 d。
④ Gustave Glotz, *Ancient Greece at Work: An Economic History of Greece from the Homeric Period to the Roman Coquest* (New York: Barnes & Noble Inc. Press, 1966), p.63.

沃领土和良好港口的优势与产业资源或格外良好的局面所带来的资源结合在一起的城镇，才会最终发展成为一流的城镇。[1]

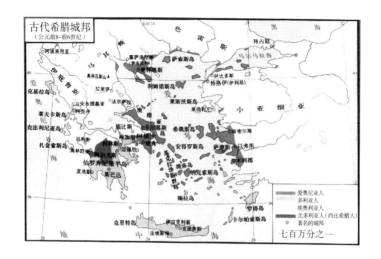

图 1-1 古代希腊城邦地图

资料来源：张芝联、刘学荣《世界历史地图集》，中国地图出版社，2002，第24页。

这样的体系在金属铸块、金属条和金属器皿等仍用于交换的时期已经得到了极大的推广。由于度量衡的使用日趋普遍，这种支付方式变得比以前方便多了，至少在用普通金属支付小额款项时是这样的。希腊克里特岛上的城镇居民直到公元前3世纪才用铁来跟斯巴达人进行交易，而在西西里岛和意大利，人们用铜结账的方式持续了很长一段时间。为了更加便利，希

---

[1] Gustave Glotz, *Ancient Greece at Work*: *An Economic History of Greece from the Homeric Period to the Roman Coquest* (New York: Barnes & Noble Inc. Press, 1966), pp. 65 - 66.

腊人想出了新的办法，他们把铁做成小细棒后发行，称为奥波尔，将6奥波尔作为1个单位进行计算，或将6奥波尔折算成1德拉克马进行支付。然而这都无济于事，贱金属只能满足本地和不重要的交易。把贵金属铸成块或切成圆片进行交易引发了各种各样的纠纷以及欺诈行为，所以每次支付时，人们都要称量金属的重量并测定其纯度。随着商业运作变得越来越广泛，公权力量变得越来越强大，国家在每块金属货币上都加盖了本国的名字和印章，以保证其重量和纯度的稳定。[1]

这种需求让这个国家首次感受到希腊世界与东方国家之间的差异性：东方世界早在公元前8世纪伊始就发明了货币。帕克托洛斯河岸的吕底亚[2]在为爱琴海与亚洲建立联系的大道上发挥了至关重要的作用。吕底亚首都萨第斯就是商队的大旅馆，接纳了来自四面八方各种渠道的货物。其统治者美尔姆纳达伊（音译，Mermnadae）以极大的热情鼓励当地居民发展与沿海地区希腊人的关系。他们诚实守信，用货真价实的贵金属进行交易。最早的硬币就是为了促进吕底亚与希腊港口之间的关系。[3]

但是，在很长一段时期内，人们只是将贵金属铸造成硬币。最古老的硬币是用天然金银合金琥珀金（electron）制成的，琥珀金是一种色质、浓度和纯度等都较低的黄金，是吕底亚人用洗涤河床的沙子得到的，产量丰富，且平均含金量保持在30%。

---

[1] Gustave Glotz, *Ancient Greece at Work: An Economic History of Greece from the Homeric Period to the Roman Coquest* (New York: Barnes & Noble Inc. Press, 1966), p. 67.
[2] 吕底亚是小亚细亚西部的一个富裕古国。
[3] Gustave Glotz, *Ancient Greece at Work: An Economic History of Greece from the Homeric Period to the Roman Coquest* (New York: Barnes & Noble Inc. Press, 1966), p. 67.

在这些货币中，最流行的算是吕底亚和福西亚的斯达特①了。萨第斯的国王也是最早用纯金和纯银铸造硬币的人。金制斯达特的重量是用琥珀金制成的金币的 1/2，而银制斯达特的重量仅是金制的 2/3。在希腊施行此重量量表时，波斯将银本位的价值定为金本位制的1/20。它们由此构建了两种金属之间的兑换比例为 1：13 $\frac{1}{3}$。波斯铸币所用的上好合金及其与波斯度量衡标准的一致性使其金币达里克（daric）在希腊市场中流通起来。同时希腊也接受了这一比例。因此，波斯的货币体系对整个古代世界的货币体系产生了巨大的影响。这是在金银二本位制领域一次卓有成效的尝试。②

土地、出租房屋和能干的奴隶等，这些都是雅典的食利者经常会投资的项目，而苏格拉底却认为，这些全都是总督狄奥多特获取财富的来源。然而，变得越来越重要的获得性财富还有另外一种用途——放贷取息。③

这一观点并没有得到人们普遍的认可。哲学家在这个问题上的观点显得十分落伍，他们认为高利贷是可憎的，因为高利贷是用钱生钱，而这是一种违背自然规律获得财富的方式。因此，他们强烈支持免息贷款才是永恒不变的借贷之道。即使是在哲学界之外，类似于亚里士多德主张的"钱不能生钱"的货币理论也广

---

① Staters，古希腊的金币单位。
② Gustave Glotz, *Ancient Greece at Work：An Economic History of Greece from the Homeric Period to the Roman Coquest*（New York：Barnes & Noble Inc. Press，1966），p. 68.
③ Gustave Glotz, *Ancient Greece at Work：An Economic History of Greece from the Homeric Period to the Roman Coquest*（New York：Barnes & Noble Inc. Press，1966），p. 240.

泛存在,其支持者认为债权方只要收回本金就足够了。互助式的借贷,是名声债,恩义是它的利息。如果有人不怎么推崇免息贷款的话,也是因为免息贷款意味着出借人要舍弃一笔钱,可能这些钱对他也是很有用的,但可能永远也拿不回来了。要想决定从他身上剥夺财产的所有权,要想让不计较的一方因此获利的话,有吸引力的补偿就是必要的,没有什么比资本的盈余来得更实在。专门放贷的人无疑都是声名狼藉的,但他们不同于不诚实的人,他们出借钱款只是"提供了一项服务,只是为了不让自己的资本在自己的手上消失了"。放贷取息作为为贸易提供有效资金支持的一种重要途径,其公共效用宣告成立,大众法庭也被要求对欺诈性债务人进行全面的法律审查。①

在实践中,供应应至少能够抵消需求。一方面,财富的增长鼓励投资行为。个体充分利用了自己的积蓄,并为他们的储蓄找到了最佳的去处。另一方面,日益活跃的市场鼓励借贷。临近公元前5世纪末,金钱交易变得如此众多,以至于需要中介——银行家参与进来才能更好地进行。公元前4世纪中叶,遗产和诉讼案件的详细清单就向我们展示了全部投资于贷款的财富。②

巨额财富的流通艰难而缓慢,对贸易和产业的需求也变得越来越迫切。格外需要信贷服务的是那些通过海运开展进出口贸易的企业,它们风险最大,对风险的把控也最难。在这一类业务

---

① Gustave Glotz, *Ancient Greece at Work: An Economic History of Greece from the Homeric Period to the Roman Coquest* (New York: Barnes & Noble Inc. Press, 1966), p. 240.

② Gustave Glotz, *Ancient Greece at Work: An Economic History of Greece from the Homeric Period to the Roman Coquest* (New York: Barnes & Noble Inc. Press, 1966), p. 241.

中，资本的息金必须在利润和保险费中占很大的比重。经常性贷款的利率是固定的。工坊用奴隶和货物做出承诺，通过依据两倍于贷款额的金额做出抵押，给予在没有法庭命令情况下实施扣押的刑事条款，或者通过具有赎回权的绝对让与形式债券，出借人的安全性确实在各方面都加强了，在这些情况下，租金代表利息，所有措施都不会损害附有严格条件限制的保证需求。可是，如此丰富的保证措施并不总是有效的。因此，大多数贷款都必须用动产或奴隶作为保证。最佳的保证仍然是借款人的承诺以及保证人承担共同和连带责任。这并不足以防止出现利率过高的情况。①

虽然国家通过法律在无意间提高利率，但从来没有把干涉甚至限制利率视为己任。梭伦在保证出借人安全性方面施行了严格的法律，但对利息没有做任何限制。有一次，雅典法律修正了拖欠借款附加利息的利率，并将其定为18%。这个利率可能是一个惩罚措施，但无论如何，它并不低于正常利率。此外，几乎可以肯定的是，不受限制的原则在整个希腊都是普遍存在的。人们惊诧地发现，希腊古都特尔斐明令禁止公开或私下里按照高于6%的利率收取任何贷款的利息；将固定利率的上限定得如此之低，这只能是政党采取的革命性措施。一般性规则是一个自由放任的规则。②

---

① Gustave Glotz, *Ancient Greece at Work*: *An Economic History of Greece from the Homeric Period to the Roman Coquest* (New York: Barnes & Noble Inc. Press, 1966), p. 241.

② Gustave Glotz, *Ancient Greece at Work*: *An Economic History of Greece from the Homeric Period to the Roman Coquest* (New York: Barnes & Noble Inc. Press, 1966), p. 242.

经常性利息支付制度适用于由小资本家支配的市场，出借人迫不及待地收取到期利息或其希望收取的复利。希腊施行的就是这样的制度。如海洋贷款合同等短期合同规定，利息要与本金一起支付。通常情况下，利息是每月以迈纳①为单位计算的，并因此在一年中规定有 12 个或 13 个付款日期。②

正常利息是每迈纳收 1 德拉克马（约合 12%）。5 奥波尔的利率（约合 10%）仅仅是作为一种对朋友的特殊优惠。抵押贷款的利率通常为 8 奥波尔或 9 奥波尔（约合 16% 或 18%）。这是强加给产业的最高利率。正常利息的高利率可视作放债人经济和社会状况的一个标志。③

二 罗马帝国的财富

公元 9 世纪，东罗马帝国出现了类似现代银行业的经营活动，其活动主体被称为 Lombard Jews。他们从客户手中收取货币，并以与现代银行相仿的方式向债权人发放支票。中世纪是罗马银行业蓬勃发展的黄金时期，11 世纪商业和贸易的繁荣，使罗马银行业达到鼎盛，银行在欧洲各处开设分支机构，并广泛开展票据兑换业务。

正如我们所注意到的，几个世纪以来罗马的过剩资本一直追随内陆军队的扩张。当城市人口逐渐变得密集，有向海上或商业

---

① 古希腊货币单位。

② Gustave Glotz, *Ancient Greece at Work：An Economic History of Greece from the Homeric Period to the Roman Coquest*（New York：Barnes & Noble Inc. Press, 1966）, p. 242.

③ Gustave Glotz, *Ancient Greece at Work：An Economic History of Greece from the Homeric Period to the Roman Coquest*（New York：Barnes & Noble Inc. Press, 1966）, p. 243.

市场转移的迹象时，新的向边界的推进就要求军事力量进行殖民地开拓，且罗马人习惯关注土地，因此对于熟悉的土地的召唤让人们再一次返回内陆。[1]

公元前 3 世纪至前 2 世纪，罗马人的财富也迅速增加。波河流域因布匿战争被征用以及充公的土地面积较之前由罗马人耕种的土地面积翻了一番，使得"罗马之地"的总土地面积达到了约1400 万亩，通常情况下，每犹格鲁姆[2]未开发土地的价格为 50 美元，如果依照这一价格进行估算，那么当时这块土地价值近 2 亿美元，[3] 这将给格拉古时代（公元前 154~前 121 年）的 32 万公民带来很高的人均财富水平。如果当时人们已经习惯拥有大片土地，那么我们可以据此推测很多罗马人都是相当富有的。然而，很少有资金是在用的时候正好准备妥当的。一个地地道道的农民很少会去银行，因为农业资金的周转很慢；而在投资人找到另一相邻地块进行投资前，保险箱可以直接保管过剩的资本。后来，这种处理方式扩展到各省份，罗马大众的盈余很容易就投入到某些不动产上。

而在布匿战争之前的罗马共和国时期，银行业机制的发展速度相对缓慢。不断进行金钱交易、发放信贷的征税社群，以及已经在东部地区开展业务的希腊和南意大利银行家，在很大程度上满足了各省份的需求。对内战中所取得的财产进行的恶毒攻击，

---

[1] Tenney Frank, *An Economic History of Rome* (Kitchener: Batoche Books, 2004), p. 147.

[2] Jugerum，面积单位，1 犹格鲁姆约合 25 公亩，约 3.75 亩。

[3] William Linn Westermann, "The Uninundated Lands in Ptolemaic and Roman Egypt," *Classical Philology* 15 (1921): 169.

让罗马人意识到，要把自己的账户放在可靠的自由人手里，而不要放在政府代理人可以查阅账簿的银行里。另外，要解释罗马政府为何没有效仿希腊城邦或托勒密王朝，来给国有银行发放许可证或通过实行国家监督促进银行交易，必须考虑人们对被地主贵族背叛的行业缺乏兴趣这一因素。事实上，奥古斯都（Augustus）使罗马的银行非国有化了。然而，在西塞罗时代，几位重要的银行家尽管是外国人和坎帕尼亚人，但已经在罗马开展业务了。西班牙人奥庇乌斯（Oppius）和格纳提乌斯（Egnatius）、部丢利（Puteoli）人克鲁维斯（Cluvius）和维斯特瑞（Vestorius）等都必须得到较大政府部门的充分信任，才能开展业务。他们用经常账户接受汇款，也用其支付利息，他们以支票、抵押贷款以及经常账户的形式放债，同时也进行一些贴现业务。他们为了自身利益购买或销售房地产并为他人做代理；通过对外贸易，罗马出现了大量有关金银的涉外问题，所以他们开展了大量的货币兑换业务；他们经常聘请专业，尤其是在国外游历过、精通省级投资的人作为业务代表来处理客户问题。当然还有少量的、我们称之为辛迪加贷款（或称银团贷款）的业务，这是因为产业尚没有发展到需要的程度，但在向国外城市配售大额贷款时，银行家有时候会充当富有的贵族的代理人，还有时候会组成临时的合作伙伴关系。最终，一些银行家在各省份设立了分支机构或通讯员，这样大多数重要的贸易中心都能购买到汇票了。[1] 但是，许多事例证明，在这一时期，外汇业务还远没有得到系统化的发展。

---

① Tenney Frank, *An Economic History of Rome* (Kitchener: Batoche Books, 2004), p. 151.

三 意大利金融的崛起

银行是世界上最古老而活跃的金融组织之一，但现代意义上的银行实则发端于公元 12 世纪，几经兴衰，不断演化，发展至今。如表 1-1 所示，历史上有记载的第一家现代银行于 1171 年创建，位于意大利水城威尼斯，直至 1797 年法国军事占领威尼斯才被迫关闭。与此后声名鹊起的英格兰银行相比，威尼斯银行成立的时间早了近 500 年，开启了现代银行业的新纪元。1171 年，威尼斯正处于东西腹背受敌的战争之中，胶着的战况令政府财政捉襟见肘，金融体系也一度十分混乱。在这种迫切的情势之下，大议会（Great Council）只得向居民募集资金，并承诺按 5% 的利息率偿付本金及利息。出资的民众得到股权证（Stock Certificate）以证明其应获得的本金总额，股权证可以自由流通交易。政府任命特定人员（Chamber of Loans）执行利息支付事宜，并负责管理股权证的交易活动。这是史料记录中最早的基金制度，当时发行的股权证开创了金融史上长期国债的先河，但负责支付利息和管理股权证的执行部门显然还不能被称为银行。此后，威尼斯陆续发行了三种此类政府借款，分别称为 Monte Vecchio、Monte Nuovo 和 Monte Nuovissimo。此种政府融资方式的推行对资金收支管理及股权证交易监管的需求日益增加。威尼斯银行受命于危难，是因政府借款应运而生的金融组织，尽管其并未从建立之时起行使现代银行的职能，但它仍旧被当作世界上第一家现代银行载入史册。

表 1-1　早期现代银行建立地点及时间

地点	年份	地点	年份
威尼斯	1171 年	英格兰	1694 年
日内瓦	1345 年	苏格兰	1695 年
巴塞罗那	1401 年	哥本哈根	1736 年
热那亚	1407 年	柏林	1765 年
阿姆斯特丹	1607 年	美国	1780 年
汉堡	1619 年	圣彼得堡	1780 年
鹿特丹	1635 年	爱尔兰	1783 年
斯德哥尔摩	1688 年	法国	1800 年

资料来源：Joseph Hume Francis, *History of the Bank of England, Its Times and Tradition* (Washington：Euclid Publishing Company, 1888), p. 4。

　　因此，"银行"一词发源于意大利语 banco，意指长凳（bench）。11 世纪，欧洲商业日渐兴起，当时威尼斯和热那亚曾经是联结欧亚的贸易要冲，四面八方的生意人云集，流通着各国货币，为了鉴别和兑换，出现了货币兑换商（或称钱币商）。货币兑换商在集市中放置长凳或桌子，以此为经营场所兑换货币。这些货币兑换商就是早期的银行业者（banker），当一个货币兑换商经营失败时，人们会将其长凳或桌子毁坏，这种情况后来演化出了"破产（bankrupt）"一词。

　　作为重要的贸易中心，威尼斯汇聚八方商货，流通各国货币。随后，银行在意大利如雨后春笋般建立起来。如图 1-2 所示，14~15 世纪的意大利和当今意大利土地面积大致相当，但当时银行已在意大利地区遍布多地，以佛罗伦萨、锡耶纳、卢卡、威尼斯和热那亚的数量最多。[1]

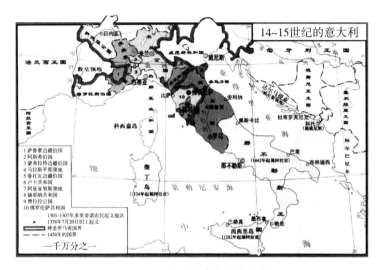

图1-2　14~15世纪意大利地区地图

资料来源：张芝联、刘学荣《世界历史地图集》，中国地图出版社，2002，第65页。

在佛罗伦萨，人们把银行业看作当地最为重要的行业之一，纷纷投身其中，几乎每一个人都或多或少与银行业有关系。[2] 意大利的银行主要分为三种类型：典当商（Pawnbroker）、货币兑换商（Money-changer）和存款银行（Deposit Bank）。其中，货币兑换商主要进行货币兑换业务，其服务并不涉及任何金融信用。随

---

[1]　Charles P. Kindleberger, *A Financial Histroy of Western Europe* (London：George Allen & Uniwin, 1984), p. 42.

[2]　George Unwin, *Finance and Trade Under Edward III the London Lay Subsidy of 1332* (Manchester, 1918), pp. 93-135, British History Online, http：//www.british-history. ac. uk/manchester-uni/london-lay-subsidy/1332/pp93-135.

着时间的推移，货币兑换商渐渐涉足吸纳存款、发放贷款以及汇款等业务领域，发展成为货币兑换银行。历史上一些意大利银行名称的改变反映了这一转换过程，例如，创办于 1798 年的沃伯格货币兑换商（M. M. Warburg）于 1863 年正式更名为货币兑换银行。[①]

最初，意大利各银行的放贷业务十分有限，大多只是向当地农民发放贷款，放款前需要确定贷款人所耕种田地的情况，并要求贷款人提供相应的担保。这显然不能满足资本市场上对货币的需求，也无法给银行提供广阔的利润空间。因此，银行家们很快将这种放贷操作流程加以完善并推广至国际贸易范畴，开始为跨国交易提供贷款服务，同时还获得了更为广泛的社会认可，帮助罗马教廷处置教会财产。跨国借贷让银行有机会在货币兑换的手续费上大做文章，在避免高利贷嫌疑的情况下赚取高额利润。跨国的商品流动把意大利的银行业带到了欧洲各地，让意大利的银行家们能够在阿维翁、巴塞罗那、布鲁日、香槟、里昂、贝桑松、安特卫普、阿姆斯特丹、伦敦、汉堡等地开设分支机构。伦敦的伦巴第大街就因为曾经容纳众多来自意大利北部伦巴第等地的银行业者而得名。一时间，意大利的银行业风光无限。

当然，利润与风险从来相伴相生，意大利银行家的经营也并非总是顺风顺水，放贷带来高额利润的同时也带来了更高的风险，只可惜人们只有在付出惨痛代价之后才会意识到这点，

---

① Eduard Rosenbaum, *M. M. Warburg & Co. Merchant Bankers of Hamburg: A Survey of the First 140 Years, 1789-1938* (London: Leo Baeck Institute Press), p.124.

很多银行家因此血本无归甚至破产。例如，卢卡的 Ricciardi 在 1272～1310 年向英国国王放贷 40 万英镑，逾期未能收回，损失惨重。佛罗伦萨银行业的两大领军银行——Bardi 银行和 Peruzzi 银行都在英法百年战争（Hundred Years' War，1337～1453 年）期间孤注一掷，错误地向英国国王爱德华三世提供贷款，前后分别贷出 90 万和 60 万弗罗林[1]，却分文未能收回。这使 Peruzzi 银行不得不于 1343 年宣布破产，Bardi 银行在苦苦挣扎三年后也终于停业清算。这一事件还波及其他贷款给爱德华三世的银行以及各银行的个人储户，涉及的资金与人数难以估算，一时间令意大利全国上下哀鸿遍野。[2]

意大利对世界金融史的另一项伟大贡献是产生于 13 世纪的汇票。汇票的发明令贸易摆脱了以物易物的局限，跨越了地域的限制，也不必再通过笨重的铸币和易盗的金银进行支付。

如果一位商人欠另一位商人债务，只有等到交易完成几个月后才能用现金支付，那么债务人可以给债权人出票，还可以使用该汇票作为支付手段，债权人则可以在自己的权限之内，以低于票面的价格从愿意充当中间人的银行家那里套取现金。[3]

如果意大利商人 A 想从比利时商人 B 的手中购买货物，意大

---

① 1252 年，佛罗伦萨等地区开始铸造名为弗罗林的金币，其后成为大多数欧洲金币的原型。
② Raymond De Roover, *The Rise and Decline of the Medici Bank*, *1397-1494* (New York: W. W. Norton & Company, 1966), p. 2.
③ Niall Ferguson, *The Ascent of Money: A Financial History of the World* (New York: Penguin Books, 2008), p. 44.

利商人 C 要把货物出售给比利时商人 D，那么汇票这种信用形式可以令跨国支付更为便利。此时，商人 D 开立汇票并以此向商人 C 支付货款，商人 C 通过经营票据业务的商人（证券经纪人）或银行将汇票卖给商人 A，随后，商人 A 将汇票交付给商人 B 作为货款，而商人 B 作为该汇票的合法持票人，凭汇票要求商人 D 在到期时足额付款。持票人 B 在收到款项并将汇票注销后交给付款人 D 作为收款证明。汇票所代表的债权债务关系即告终止。即使商人 A 和 C 身处意大利不同地区，商人 B 和 D 来自比利时的不同城市，上述过程仍然能够在中间人，即证券经纪人或银行的运作之下顺利进行。[1]

虽然汇票自产生之时起就具有可流通的特征，但最初的汇票必须依照其票面价值进行交易，不可有任何议价和贴现。因为贴现意味着对原始金额收取利息，可能被认定是高利贷，而在中世纪，放高利贷是被罗马教廷明令禁止的行为。但事实上，人们总能在实际操作中发现变通的手段。实践中，购买者在购买票据时并非支付票面价值，而通常是按照一定兑换率付款，付款金额低于受票人最终向持票人支付的金额。这实质上如同对票据附加利息，但又在形式上规避了罗马教廷的管控。[2]

阿姆斯特丹、伦敦和斯德哥尔摩发生了历史性的金融创新浪潮，首次出现了现代中央银行的前身。17 世纪，三大新型机

[1] Charles P. Kindleberger, *A Financial Histroy of Western Europe* (London: George Allen & Uniwin, 1984), p. 39.
[2] Charles P. Kindleberger, *A Financial Histroy of Western Europe* (London: George Allen & Uniwin, 1984), p. 39.

构以不同的方式成立了，旨在提供公共及私人金融服务。阿姆斯特丹汇兑银行（威塞尔银行）成立于 1609 年，最初是为了解决商家在荷兰遇到的多种货币流通的实际问题——在荷兰，至少有 14 个铸币厂铸造的不同货币和大量的外国货币。该汇兑银行允许商家指定一种标准货币建立账户，开创了支票账户系统和直接借记或转账系统，这些对于今天的我们来说再平常不过了。这就使越来越多的商业交易在不涉及现实的有形货币的情况下发生了。一个商人要付款给另一个商人，只需要在银行将这笔款项在自己的账户上进行记扣款处理并相应地记入对方的账户就可以了。[①] 这个系统也具有一定的局限性，不过仅要求该汇兑银行将存款与贵金属、货币储备的比率保持在接近 100% 而已。直到 1760 年，该银行的存款余额不到 1900 万弗罗林，而其贵金属、货币储备却超过 1600 万费罗林。因此，银行挤兑实际上是不可能发生的，因为它手头有足够的现金，几乎可以满足所有由于某种原因而希望一次性提出存款的储户需求。这种做法毫无疑问保证了银行的安全，但也让它无法开展而今被看作银行标志性的业务：信贷创造。[②]

在近半世纪后的斯德哥尔摩，1656 年瑞典中央银行（Sveriges Riksbank）的成立，使这个屏障被完全打破了。虽然瑞典中央银行与荷兰威塞尔银行执行同样的职能，但它还被设计成

---

① Niall Ferguson, *The Ascent of Money: A Financial History of the World* (New York: Penguin Books, 2008), p. 48.

② Stephen Quinn and William Roberds, *The Big Problem of Large Bills: The Bank of Amsterdam and the Origins of Central Banking* (Federal Reserve Bank of Atlanta Working Paper, 2005).

了街道银行，为的就是方便贷款以及商业支付。据说该银行通过贷出超过其金属货币储备的贷款，开创了后来被称为"部分准备金银行体系"的做法，而它这么做就充分发挥了其将储备的货币放贷出去而为自己谋利的优势。由于储户极不可能全部提款，只有一小部分钱必须作为给定期限内留在瑞典中央银行的准备金。故而，银行的存款（它需要为此支付利息）及其储备就成了它的负债；贷款则成了银行的资产，使银行可以从中收取利息。[①]

依据意大利的模式，英国于 1694 年建立了英格兰银行。该银行的创立主要就是为了将政府的部分债权转为银行股权而协助政府为战争融资，因此，政府赋予了该银行独有的特权。从 1709 年起，只有英格兰银行唯一获准依股份制进行经营；从 1742 年起，英格兰银行部分垄断了纸币的发行，它采用一种特殊形式的无息本票，方便交易双方在没有设立经常账户的情况下进行支付。[②]

1825 年是让人充满遐想的一年，根据议会得到的财务报表可知，在英国议付的汇票金额达 6 亿英镑。假设其中 1/8 同时流通的话，那么英国商业媒介的这一业务在当年就达 7500 万英镑，这一数字在当时是十分惊人的。[③]

---

① Niall Ferguson, *The Ascent of Money: A Financial History of the World* (New York: Penguin Books, 2008), p. 49.

② Niall Ferguson, *The Ascent of Money: A Financial History of the World* (New York: Penguin Books, 2008), p. 49.

③ William M. Gouge, *A Short History of Paper Money and Banking in the United States to which is Prefixed an Inquiry into the Principles of the System* (New York: Augustus M. Kelley Publishers, 1968), p. 20.

四 集市贸易与私人银行

关于银行的起源，一种颇为流行的说法是，在 17 世纪的英国，人们将黄金交由金匠保管，金匠在收货之时向客户提供收据作为存放凭证，这种收据因代表一定数量的黄金而具有支付功能，流通日益频繁，使金匠逐步演变成为银行家。这种说法的拥趸甚众，但也一直广受质疑。反对声中最重要的一种观点是，银行的产生远远早于 17 世纪，而且其发展演化与商业活动，尤其是跨国贸易息息相关。[1]

据史料记载，这一时期英国的银行主要由商人建立，而非由金匠创办。对银行业务的需求主要来自商人间的交易活动、工厂主对雇工酬劳的支付，以及包税人对公共基金的处置等方面，而在诸多因素之中，贸易需要无疑是促进银行业发展的最强动力。

早期跨国贸易是以一种物物交换或者近似于物物交换的形式进行的。具体来说，商人在某地集市上销售商品，获得以当地货币支付的货款，然后用这笔货款在同一个地方（甚至同一个集市）购买其他商品。汇票业务的出现使商人们摆脱了这种同地销购贸易模式的限制。汇票由出票人签发，要求付款人在见票时或一定期限内，向收款人或持票人无条件支付一定款项。这种信用工具使商人们实现了销售与购买的分离，从而令国际贸易活动大为便捷。随着跨国贸易的蓬勃发展，汇票的使用也越发频繁，久

---

[1] Charles P. Kindleberger, *A Financial Histroy of Western Europe* (London：George Allen & Uniwin, 1984), p.35.

而久之，一些商人在汇票之中看到了商机，放弃了原本从事的货物买卖，转向汇兑业务，从而成为专门的汇兑从业者或银行家。[1]

长期以来，贸易与银行业都有着千丝万缕的联系。更低的风险、更便利的交易以及更高的社会地位，令许多商人转型成为银行家。18世纪荷兰最著名的银行 Hope & Co. 坐落于阿姆斯特丹，原本是经销货物的贸易公司，后由于货币转手比货物转手更为安全和便捷而转向票据经营业务[2]，并不断发展壮大，雄踞荷兰200余年，同时将业务扩展至跨国信贷，在伦敦等地开设了分支机构。[3]

在19~20世纪的大部分时间里，如果一家银行的所有人也是其管理者，这家银行则被视为一家私人银行。这样的银行通常都是家族企业，其法律形式大多是合伙制，或一般合伙制，合伙人有无限责任；但也有私人有限公司，甚至股份制银行，其董事拥有其资本的主要部分。在20世纪的最后25年，最终形成了"私人银行"的功能性定义，即私人银行代表富有的顾客进行投资组合管理。此前，私人银行从事各类活动：商业银行业务、投资银行业务、商人银行业务、真正的综合银行业务，以及财富管理等业务。一个或多个活动的专业化取决于战略选择或来自特定银行业务体系的限制。[4]

这些不同的活动是在两个不同的层面上进行的。第一个是高级银

[1] Charles P. Kindleberger, *A Financial Histroy of Western Europe* (London：George Allen & Uniwin, 1984), p.35.
[2] Richard Ehrenberg, *Capital and Finance in the Age of the Renaissance：A Study of the Fuggers* (New York：Harcourt Brace, 1896), p.243.
[3] Marten G. Buist, *At Spes Non Fracta：Hope & Co.，1700-1815* (Merchant Bankers and Diplomats at Work, 1974)；Charles Wilson, *Anglo-Dutch Commerce and Finance in the Eighteenth Century* (Cambridge：Cambridge University Press, 1941).
[4] Youssef Cassis and Philip Cottrell, *The World of Private Banking* (London：MPG Books Group, 2009), p.44.

行，最早创建的私人银行大多参与了国际贸易融资及涉外贷款的发放——在英国被称为商人银行业务。第二个是农业银行层面，包括本地银行和地区银行，其为该地区的中小型企业提供银行业务和金融服务，从事的业务不那么光鲜。①

五　国家与中央银行

从历史角度来看，国家与银行系统间的联系一直是极为密切的。从 13 世纪创建第一家意大利银行开始，银行就成了主权者的金融家。主权者的需求在战争之后往往是最大的。17 世纪创建的英格兰银行正是出于此目的，其负责为英国国王威廉三世筹措资金、偿还战争债务。

一直以来，银行和国家的关系坚如磐石。主权者债务违约是银行经常会遭遇的风险，尤其是战败国。事实上，主权者债务违约古往今来一直是导致银行倒闭的最主要原因。这一因素导致意大利创建的许多银行衰落了，包括佛罗伦萨的美第奇家族。

随着主权风险意识的增强，银行向主权者收取的贷款利率开始高于商业实体。15 世纪，法国国王查理八世在意大利银行申请的战争贷款支付的年利率高达 100%，但同期的意大利商人只需按 5%～10% 的利率支付利息。英格兰银行向政府发放首笔贷款的利率为 8%，这一利率是银行商业票据贴现率的 2 倍。

较早的中央银行被视为特殊的商业银行，经过长期发展演化，才逐渐成为不以利润最大化为经营目标的公共机构。然而，

---

① Youssef Cassis and Philip Cottrell, *The World of Private Banking* (London: MPG Books Group, 2009), pp. 44-45.

他们由于有政府的特许，在各种情况下都是特别的，成为政府的主要银行家，并在某些情况下，获得了垄断特权，尤其是获得了发行纸币的特权。在一些国家（特别是在瑞典、挪威、芬兰、丹麦、荷兰和奥匈帝国），政府根本没有必要给银行提供特殊的垄断特权，因为这些政府的特许银行在首次创建时就是唯一有效的商业银行。这些国家设立银行的诱因之一就是鼓励商业银行业务服务，否则该项服务就是泡影。[1]

对于拿破仑战争结束前后创立的中央银行（如奥匈帝国的中央银行、挪威中央银行、丹麦国家银行和美国第二银行等），另一个激励因素就是，为了满足战时开支，国家"过度"发行纸币，但这引发了非常严重的通货膨胀，在丹麦用华丽的词汇"Statsbankerot"（国家的破产）来进行描述。一个相对独立的商业银行发行的纸币可以通过法律上有关发行的限制条款（如挪威中央银行、德意志帝国银行、丹麦国家银行）或者由银行董事行使自由裁量权（如法兰西银行、荷兰银行、奥地利中央银行）兑换成硬币，所以创建这样的银行被认为是恢复货币稳定的一种手段。19世纪中叶，伊比利亚中央银行就是由于类似的原因而创建的。[2]

现代中央银行的主要职能包括：发行信用货币，执行金融政策、代理国家财政，集中存款储备金、充当最终贷款人，制定、

---

[1] Forrest Capie et al., *The Future of Central Banking：The Tercentenary Symposium of the Bank of England* (Cambridge：Cambridge University Press，1994), p. 4.

[2] Forrest Capie et al., *The Future of Central Banking：The Tercentenary Symposium of the Bank of England* (Cambridge：Cambridge University Press，1994), p. 5.

执行货币政策，对金融机构活动进行领导、管理和监督。如表 1-2所示，只有少数机构是在 19 世纪 20 年代之前成立的，且这些银行当时并未真正行使中央银行的职能。

表 1-2　20 世纪以前成立的中央银行

银行	成立时间	垄断纸币发行	最后贷款者职能
瑞典银行	1668 年	1897 年	1890 年
英格兰银行	1694 年	1844 年	1870 年
法兰西银行	1800 年	1848 年	1880 年
芬兰银行	1811 年	1886 年	1890 年
荷兰银行	1814 年	1863 年	1870 年
奥地利国家银行	1816 年	1816 年	1870 年
挪威银行	1816 年	1818 年	1890 年
丹麦国家银行	1818 年	1818 年	1880 年
葡萄牙银行	1846 年	1888 年	1870 年
比利时国家银行	1850 年	1850 年	1850 年
西班牙银行	1874 年	1874 年	1910 年
德国国家银行	1876 年	1876 年	1880 年
日本银行	1882 年	1883 年	1880 年
意大利中央银行	1893 年	1926 年	1880 年

资料来源：Forrest Capie et al., *The Future of Central Banking*: *The Tercentenary Symposium of the Bank of England*（Cambridge：Cambridge University Press，1994），p. 6。

然而，如表 1-3 所示，到了 20 世纪初，全世界已有 18 家此类中央银行。此后，中央银行的概念较为明确地流行起来，加上众多机构的迫切期望，许多独立的国家都创建了自己的中央银行。截至 20 世纪 50 年代，全世界共有中央银行 59 家，到 20 世纪 90 年代，这个数量几乎增加了 2 倍，达 161 家。但是，仍有例子表明，一些准商业机构在全面实施银行职能之前，就已经实现了中央银行的职能（如印度、澳大利亚）。随着世界的不断进步，这个数字可能还会增长。[①]

表 1-3   中央银行在 20 世纪的发展

年代	中央银行数量（家）	年代	中央银行数量（家）
1900	18	1950	59
1910	20	1960	80
1920	23	1970	108
1930	34	1980	137
1940	41	1990	161

资料来源：Robert Pringle and A. A. Mahate, *The Central Banking Directory* (London: Central Banking Publications, 1993)。

在过去的 200 多年里，各国中央银行的发展情况及其与政府之间的关系发生了本质上的变化。在很多国家，政府反而成为中央银行发展壮大的阻碍。对于国家而言，对银行的需求在金融危机时期通常是最大的。和国家一样，任何融资方式都并非总是能得到按时的足额偿付。经济大萧条标志着国家对银行体系支持体制上的巨大转变，而此后的信贷危机很可能就标志着中央银行的发展进入了另一个时期。

① Forrest Capie et al., *The Future of Central Banking: The Tercentenary Symposium of the Bank of England* (Cambridge: Cambridge University Press, 1994), p. 5.

六 期货交易所的形成和发展

买卖期货的历史可分为三个阶段。[①]

第一阶段：早期的远期和期货合约交易。远期合约是在世界范围内不同的地方分别逐渐发展起来的。交易双方有时候集中在市场中采用标准的交易规则和合同条款进行交易，这就促使学者们将其归类为期货合约。

第二阶段：现代期货合约的演变。现今的期货合约在19世纪的美国已具雏形，历经之后75年的发展，成为现今的形式。

第三阶段：20世纪70年代以后的发展历程。在20世纪最后30年里，各种各样的期货在市场上出售，品种繁多。原有的交易所不断完善，新的交易所逐渐形成，并且交易所之间的关系开始变得紧密起来。此外，交易变得越来越自动化，在交易协商期间往往不再需要经纪商和交易商的介入，交易双方通过电子界面进行交互就能完成。

远期交易（Forward Trading）经历了较长的发展时期，其涉及的远期合约（Forward Contract）是一种非标准化的合约，它不在规范的交易所内交易，通常在两个金融机构之间或金融机构与其公司客户之间签署该合约。在签订合约之前，双方可以就交割地点、交割时间、交割价格、合约规模等细节进行谈判，以便尽量满足双方的需求，因此具有较大的灵活性。进入21世纪，远期市场的发展

---

① Robert A. Jarrow and Arkadev Chatterjea, *An Introduction to Derivative Securities, Financial Markets, and Risk Management* (New York: W. W. Norton & Company, 2013), pp. 186-187.

速度加快，其规模已经超过期货市场。要弄清楚远期市场快速发展的原因，就应该注意到，外汇市场是世界上最大的金融市场，而远期外汇交易形成了整个外汇市场的重要组成部分。

远期合约一直用于降低风险。因此，互换可以视为一系列的远期合约，有着数万亿美元的市场规模。表1-4展示了各国远期交易以及期货合约交易的早期历史情况。早在约公元前2000年，印度就有了远期交易，欧洲和日本在17世纪也相继有了远期交易。

表1-4 远期交易以及期货合约交易早期历史

时间	发展历史
公元前2000年起	期货合约交易出现在希腊、印度以及罗马帝国
11~12世纪起	中世纪集市
1531年	第一家交易所建于比利时，安特卫普
16世纪50年代起	期货和期权合约交易出现在荷兰，阿姆斯特丹
1571年	伦敦皇家交易所成立
1688年	大阪堂岛大米会所成立

资料来源：Robert A. Jarrow and Arkadev Chatterjea, *An Introduction to Derivative Securities, Financial Markets, and Risk Management* (New York: W. W. Norton & Company, 2013), p.186。

按照罗马帝国时期的标准来看，中世纪时欧洲演变成了城邦。从公历纪年的第2个千年开始，各国设立了贸易集市，供来自不同地区的商人销售他们的商品。此类贸易惠及所有人：买卖铺户生意兴隆，各国经济蓬勃发展，君主开始征税增加国家收入。各国制定贸易法律，管理、协调贸易，规范合同条款，并解决纠纷。人们在现货市场进行交易，用商品交换金属货币或其他产品。

随着时间的推移，市集信函（Fair Letters）出现了。人们在市集信函中指明在未来某个时间和某个固定地点交付货物。这为贸易提供了极大的便利，人们以前需要将大宗货物从一个地方拖拽到另一个地方才能进行交易的麻烦解决了。集市信函为安全存放在仓库中的货物提供了所有权证据。此外，他们可以在结算前进行转让及多次转手交易。集市信函就是一种远期合约，是现今期货合约的前身。

但是每年举办集市的次数就那么几次。于是，供买卖双方定期聚在一起进行交易的交易所就不可避免地形成了。世界上最早的交易所首见于比利时的安特卫普市。该市于 1531 年建立交易所，于次年制定了一套合约执行规则，并在 1541 年前后构建了立法体制，用以支持金融交易。金融交易和商业交易达到顶峰，衍生品合约得到了极大的发展，但投机活动（包括在政治事件上打赌和用外汇期权下赌注等）也越来越猖獗，对商品价格的操纵就对期货市场构成了威胁。

与此同时，阿姆斯特丹逐渐成为粮食、鲱鱼和其他大宗商品的主要市场。[1] 其政府担心投机者会利用衍生品操纵价格，担心操纵下的食品价格会导致社会动荡不安，于是经常在禁止和允许远期交易间不停地转换。然而，该市场并没有在遭禁后消失，只是转到了地下。据记载，阿姆斯特丹粮食交易商在 16 世纪 50 年代之后的数十年内一直都在使用期货和期权。该市场随后不断扩

---

[1] Oscar Gelderblom and Joost Jonker, "Amsterdam as the Cradle of Modern Futures and Options Trading, 1550 - 1650," in William N. Goetzmann and K. Geert Rouwenhorst, eds., *The Origins of Value: The Financial Innovations That Created Modern Capital Markets* (New York: Oxford University Press).

展，将远期、期货以及看涨和看跌期权股票等都涵盖在内。[①]

伦敦皇家交易所于 1571 年由伊丽莎白一世女王设立，是世界上早期的商品交易所之一。该交易所的遗址如今已改建成一家高档的购物中心。著名的伦敦金属交易所和伦敦证券交易所的前身都可追溯到该皇家交易所。

世界上最古老的证券交易所于 1602 年在阿姆斯特丹开始营业。期货和期权合约也很快交易起来。这一时期，郁金香在荷兰越来越受欢迎。数十年后，荷兰人对珍贵品种的郁金香球茎产生了超乎寻常的投机热情，而商人们就专门发明了期货和期权来为这种投机行为推波助澜。著名的郁金香球茎的价格泡沫跟其他价格泡沫一样，随着价格轰然跌至冰点、衍生品交易枯竭而宣告破灭。

大阪的堂岛大米会所于 1688 年开始营业。该交易所由于有着标准化的期货合约、固定的交割时间，要求预付定金，并且有票据交换所参与其中，所以被认为是世界上第一家有组织的期货市场。有超过 1300 名成员在此交易了大米库券（大米仓单收据），谁持有了库券，谁就拥有了存放在仓库中的大米的所有权。这样的交易系统鼓励对贸易进行相互监督，抵制价格操纵。此类交易延续了数百年，直至 1931 年由于战时管制才最终落下了帷幕。[②]

① Robert A. Jarrow and Arkadev Chatterjea, *An Introduction to Derivative Securities, Financial Markets, and Risk Management* (New York: W. W. Norton & Company, 2013), p. 187.
② Robert A. Jarrow and Arkadev Chatterjea, *An Introduction to Derivative Securities, Financial Markets, and Risk Management* (New York: W. W. Norton & Company, 2013), p. 188.

第二章

早期银行的进步与挫折

一　金融业的早期发展

大规模的金融改革使欧洲和北美各种不同类型的银行遍地开花。其中,历史最悠久的算是票据贴现银行了,此类银行通过贴现国内和国际贸易中一方向另一方开具的汇票,为商人提供融资。在亚当·斯密时代,伦敦就涌现了许多非常成功的银行,如巴林银行(Barings Bank),他们专门从事横跨大西洋两岸的商业银行业务,随后此类业务逐渐被人们所熟知。在这个时期,英国银行因受监管的缘故,几乎都是私营合伙企业,又因为几个世纪以来,虽然伦敦金融城只有一平方英里,却一直都是全世界的商业金融中心,所以一些银行专门经营伦敦金融城里的金融业务,而另一些银行则专门为拥有土地的上层人士提供金融服务,即所谓的"乡村银行",其兴衰与英国农业收成的好坏密切相关。[①]

---

① Niall Ferguson, *The Ascent of Money*: *A Financial History of the World* (New York: Penguin Books, 2008), p. 53.

英格兰银行（Bank of England）经过不断的尝试与犯错，逐渐开发出了公共职能，并于1826年重新获得了货币发行的垄断权，在英国各省设立了分行，逐步接管了乡村银行的货币发行业务。英格兰银行在银行间的交易中越来越多地发挥了举足轻重的作用，银行间的结算款项越来越多地通过位于伦敦市针线大街的英格兰银行完成。1833年，限制银行商业票据贴现率的《反高利贷法案》最终遭到废除，这就使英格兰银行能够充分发挥其规模优势，并成为伦敦最大的银行，其贴现率也越来越多地被视作所谓的货币市场①中最低的短期利率。

1844年，皮尔爵士主持通过《银行特许条例》，将英格兰银行分为两部分：一个是银行部，负责自有商业银行业务；另一个是发行部，被赋予了1400万英镑的证券和未指定数额的金币和金条，并依据英国与世界其他国家的贸易差额有所浮动。根据当时的规定，靠信用发行的货币不得超过证券与黄金的总和。然而，接二连三发生的经济危机（1847年、1857年和1866年）清楚地表明：这是一个过分僵化的束缚。英格兰银行纸币发行受到限制，从19世纪90年代中期到第一次世界大战，其黄金储量超过了流通中的纸币价值。只有发展新型银行，尤其是大幅增加以吸纳存款为主要业务的银行，才使货币扩张成为可能。1858年后，股份制银行不再受限，伦敦西敏寺银行（成立于1833年）、省级国民银行（成立于1834年）、伯明翰和米德兰银行（成立于1836年）、劳埃德银行（成立于1884

---

① 在短期信贷方面，当时的绝大部分银行都通过商业汇票贴现进行短期贷款。

年）和巴克莱银行（成立于 1896 年）等商业银行都得到了迅猛的发展。欧沃伦格尼银行倒闭后，此类工业投资银行在英国的发展都不太成功。① 事实上，对于银行而言，重要的并不是购买工业企业的大宗股票；而是亟须吸纳存款，从而为资产负债表另一方的新银行贷款奠定基础。②

19 世纪与 20 世纪之交，新的储蓄银行在这一过程中发挥了尤为重要的作用。截至 1913 年，英国储蓄银行吸纳的存款高达 2.56 亿英镑，约占英国所有存款的 1/4。同样的，德国储蓄银行也得到了迅速发展。与那些更为知名的 "大银行"，如德国达姆施塔特银行、德意志银行、德累斯顿银行、Disconto-Gesellschaft 贴现银行相比，德国储蓄银行的资产比它们所拥有资产的 2.5 倍还要多。总之，第一次世界大战爆发前夕，英国银行的居民存款总额近 12 亿英镑，而流通中的纸币仅有 4550 万英镑。进入 21 世纪，货币主要存在银行里，虽然在大多数人的视线之外，却时时刻刻影响着人们的经济决策。尽管方式存在差异，但大多数发达的经济大国通过垄断的中央银行操作金本位，将存款集中在相对较少的大型机构中进行监管，基本上都遵循了英国的做法。法兰西银行成立于 1800 年，德意志联邦银行成立于 1875 年，日本中央银行成立于 1882 年，瑞士国家银行成立于 1907 年。与欧洲大陆国家一样，英国银行业也表现出了明显的集中倾向，乡村银行数量的减少就是一个例子——从 1809 年高峰时期的 755 家下降到

① 如起源于比利时的兴业银行、法国的动产信贷银行和德国的达姆施塔特银行。
② Niall Ferguson, *The Ascent of Money: A Financial History of the World* (New York: Penguin Books, 2008), pp. 54-56.

1913 年的 17 家。[①]

二 货币与纸币

金银天生非货币，但货币天生是金银。这不仅因为金、银、铜等贵金属易于分割，而且因为这些贵金属具有相当高的生产难度，因此，金银货币是财产，是财富。100 美元银币无法被视为能代表价值 100 美元的面粉，而 100 美元的面粉却可以被视为能代表价值 100 美元的铁。每一种实际物品都是真正的财富，而不是像贵金属货币一样，仅仅是单纯的象征或代表。[②]

但正如有些人所认为的，货币在本质上并不优于其他类型的财富。贵金属在本质上与其他财富无异。当贵金属以金条的形式呈现时，这一点就更加显而易见了；若改为以硬币的形式呈现，其本质也不会发生改变，它只是免去了人们每次在传递贵金属时都要检查其重量和纯度的麻烦。吕底亚王国首都萨蒂斯位于连接东西方的交通要道，是美索不达米亚文明或者地中海文明的发源地。吕底亚人在安纳托利亚这块丰饶的土地上开发了各种矿藏，其中以银金矿为主，吕底亚王国银金矿储藏丰富，银金矿是一种金和银混合的矿物。如图 2-1 所示，大约在公元前 600 年，吕底亚人用这种混合矿物制造了世界上最早的钱币"狮币"。

---

① Niall Ferguson, *The Ascent of Money: A Financial History of the World* (New York: Penguin Books, 2008), pp. 56-57.
② 陈雨露、杨忠恕：《中国是部金融史 2：天下之财》，九州出版社，2014，第 33 页。

图 2-1　人类历史上最早的货币：吕底亚狮币

资料来源：陈雨露、杨忠恕《中国是部金融史 2：天下之财》，九州出版社，2014，第 4 页。

一些人认为是政府的权威赋予了货币价值。然而本着诚信的原则，用货币交换货物时，无论是国王的法令还是国会的法案，都不会影响货币的真正价值。君主与大臣可以更改硬币的重量，或降低硬币的纯度；然而，他们都无法用半盎司的纯银打造出价值高达 1 盎司的纯银硬币。国家的印章就是硬币重量和纯度最好的证明。其他人认为，贵金属之所以有价值，完全是因为其稀有。可是，如果黄金和白银在交换商品方面一无是处的话，那么它们在商业上也就没有什么价值了。它们的效用如此之大，即使不用来制造货币，也可以用来交换大量的粮食以及其他商品。如果它们的产量像铜和锡那样丰富，那么它们将比这些普通金属更有价值，因为它们有更多的用途。贵金属的市场价值像所有其他事物一样在于其效用和稀有性的复比，并不单独由其稀有性决定。[①]

货币的价值是通过简单地参考所估计的其他事物的价值，并借助影响其他事物交换的媒介进行评定得到的。这本质上没有什么神

[①]　William M. Gouge, *A Short History of Paper Money and Banking in the United States to Which is Prefixed an Inquiry into the Principles of the System* (New York: Augustus M. Kelley Publishers, 1968), p. 8.

秘的地方：如果以一常衡制盎司银币为参照，将硬币打造成 1 盎司重，且该盎司取整数部分，那么也不太可能会误解其特性。人们而后将对货币参与的交易性质有清晰的概念，就像他们清晰地了解用铁交换小麦的交易性质一样。然后他们还会看到，这些交易没有任何本质上的区别。用含有小数点的金衡制盎司做参照单位——这是人们不太熟悉的一种重量单位，并随意起了"美元"这样一个名字，这个话题就让人遐想连篇了。①

就像任何可延长的东西都可以用来制定长度标准那样，任何有价值的东西以同样的方式也可以用来制定价值标准。人们不愿意说，这片地或这捆布料值这么些的盎司，或者说值这些块银币，人们只可能会说，值很多匹马或很多头牛，或者说值很多镑的铅或铁。计价原则与那些只使用固体货币的国家所使用的原则保持一致。然而，想要卖小件物品的人们会发现，计算马或牛小数部分的精确值是很难的，并且很多镑的铅或铁在循环使用时也非常不方便。实际上玉米、牛、铁、皮革、可可、烟草等商品在不同的时代、不同的国家都曾被用作货币；但商业化国家早已经不再将它们当作货币了，究其原因，恰与诱导人们选择长度标准的原因相类似，比起大法官的脚或国王的前臂②，某些物体更不易变化。③

---

① William M. Gouge, *A Short History of Paper Money and Banking in the United States to Which is Prefixed an Inquiry into the Principles of the System* (New York: Augustus M. Kelley Publishers, 1968), pp. 8-9.

② 这些均曾被用作衡量标准。

③ William M. Gouge, *A Short History of Paper Money and Banking in the United States to Which is Prefixed an Inquiry into the Principles of the System* (New York: Augustus M. Kelley Publishers, 1968), p. 9.

几乎在所有时代和所有地区，人们对贵金属的估值都很高，这就证明它们必定拥有超出其纯粹的理想价值的地方。它们几千年来在所有商业化国家中都不是专有的流通媒介，这符合所有哲学家或政治家先入为主的理论。人们拿金银做原料制造货币，这与促使他们选择羊毛、亚麻、丝绸和棉花等作为材料制作服装以及用石头、砖和木材等作为材料盖房子的原因是类似的。他们发现贵金属有许多特质，很适合作为价值标准和尺度，并在制成硬币后，可为流通服务。①

由于大多数国家拥有相同的价值标准，货币的区别仅在于重量、纯度、印章和面额上，所以在不同国家的同一时期，每个国家就不同商品的价值都能确定出准确值，从而确定出口或进口哪些商品是有利的。缺少了货币的参与，劳动分工就不可能有很大的发展，社会的财富也将很少。通过贸易，货币推动了人类文明的发展。政府的强势决定了货币的强势，强势货币成为政府调动社会资源和干预经济活动的重要手段。纸币的创造是金融发展的重要里程碑，表明了货币化的高程度、交易手段的复杂性、造纸技术的发达、政府的强信用能力，以及社会交易的繁荣。② 纸币取代金属货币需要一个条件，那就是所有人都信任纸币的发行者，相信其具有足够的能力兑付所有持币者的财富。③

---

① William M. Gouge, *A Short History of Paper Money and Banking in the United States to Which is Prefixed an Inquiry into the Principles of the System* (New York: Augustus M. Kelley Publishers, 1968), p. 10.

② 王巍:《金融可以颠覆历史：挑战世界观的金融故事》，中国友谊出版公司，2013，第 21 页。

③ 陈雨露、杨忠恕:《中国是部金融史 2：天下之财》，九州出版社，2014，第 34 页。

三 纸币与银行

中国发明了纸、油墨和印刷术，因此早在公元 1000 年前后，中国就成为全世界最早试用纸质货币的国家。如图 2-2 所示，交子是发行于北宋仁宗天圣元年（1023 年）的货币，曾作为官方法定的货币流通，称作"官交子"，在四川境内流通近 80 年。可以说，交子是中国最早由政府正式发行的纸币，也被认为是世界上最早使用的纸币。

图 2-2 世界最早使用的纸币：北宋交子

资料来源：陈雨露、杨忠恕《中国是部金融史 2：天下之财》，九州出版社，2014，第 23 页。

　　12 世纪早期至 15 世纪末期，在中国南宋（1127～1279 年）、金代（1115～1234 年）、元朝（1271～1368 年）以及明朝早期（1368 年～15 世纪末期），人们开发出了昂贵的纸质货币体系，之所以这么做，其目的旨在为朝廷带来收入。虽然以实物支付在当时很普遍，但朝廷鼓励公众使用纸质货币，要求用此类货币缴纳税款。朝廷还用纸质货币发放俸禄，其中以发放常备军的军俸为主。最初，纸质货币发行的强度并不大，但随着时间的推移，越来越多的纸质货币流通起来，这就不可避免地削弱了人们对纸质货币的购买力。中国所有的朝代都或早或晚地经历了通货膨胀，并且通货膨胀实际上都日益加剧了。他们采取各种措施应对通货膨胀，并保持货币的流通。金代试图控制价格。元朝先是限制，而后禁止私人买卖金银，还推行了各种货币改革，发行了新面额的纸币。金代和元朝的纸质货币分别于 1223 年和 1356 年变得一文不值，就在仅仅十余年后，这两个朝代也迎来了各自的毁灭[1]。南宋因为遭到了蒙古人的攻占并亡国才幸免于遭受彻底的货币崩溃的厄运。明朝是个例外，明朝在引进了纸质货币，并依次经历了发行不断增多、通货膨胀加剧之后，明朝统治者就完全放弃了对纸质货币的试用，重新开始使用商品货币。值得注意的是，1500 年后，直到 19 世纪，纸质货币作为西化的一部分被重新引入后，中国才重新使用，而在此之前，一直都在使用商品货币。[2]

　　1690 年，还是英属殖民地的马萨诸塞州开始发行纸质货币来

---

①　金代和元朝分别灭亡于 1234 年和 1368 年。

②　Gordon Tullock, "Paper Money: A Cycle in Cathay," *Economic History Review* 9 (1957): 393-407.

支付士兵远征法国魁北克的饷银。① 在北美洲其他殖民地都发行后，纸质货币后变得流行起来，这就导致任何情况下的货币购买力都急剧下降了。英国议会于 1764 年废止使用纸质货币。②

英格兰银行成立于 1694 年，目的是把钱借给政府。政府授予该银行诸多的法律特权，让其从一开始就享有了崇高的地位。英格兰银行在所有现代中央银行出台政策之前发行了银行债券，以应对王室的负债，这就意味着其将政府债务货币化了。③ 在成立之初的 100 年里，该银行得到政府的允许，出现过几次违约，无法按照承诺用实物黄金偿还票据，但仍然一直正常经营。④

法国在 1716~1720 年为了支撑公共财政，依据苏格兰赌徒和货币理论家约翰·劳（John Law）著名的方案发行纸币。"法王路易十四连年征战，导致政府背负了巨额的公债，在不到一百年里，就濒临第三次破产。"⑤法国政府发行纸币，导致投机性股市一片繁荣，即密西西比股市泡沫。不可避免的，纸币的崩溃和贬

① Murray N. Rothbard, *A History of Money and Banking in the United States: The Colonial Era to World War II* (Auburn: Ludwig von Mises Institute, 2005), pp. 51-56; Peter Bernholz, *Monetary Regimes and Inflation: History, Economic and Political Relationships* (Northampton: Edward Elgar Publishing, 2015), pp. 45-47.
② Murray N. Rothbard, *A History of Money and Banking in the United States: The Colonial Era to World War II* (Auburn: Ludwig von Mises Institute, 2005), p. 54.
③ Vera C. Smith, *The Rationale of Central Banking and the Free Banking Alternative* (Indianapolis: Liberty Press, 1990), pp. 11-12.
④ Murray N. Rothbard, *Classical Economics: An Austrian Perspective on the History of Economic Thought*, Vol. II (Northampton: Edward Elgar, 1995), p. 159.
⑤ Niall Ferguson, *The Ascent of Money: A Financial History of the World* (New York: Penguin Books, 2008), p. 139.

值使法国经济一片混乱，更不用提缓解法国财政上的困境了。①
约翰·劳最后变得穷困潦倒，被迫离开了法国。

1775 年，北美殖民地为了给美国独立战争提供资金，在大陆
会议上批准重新发行纸币，称为"大陆币"。6 年后，大陆币在
实际上变得毫无价值。②

1793~1821 年，国际上爆发了规模空前的冲突，许多欧洲国
家都卷入其内，美国也参与其中，即所谓的拿破仑对外战争。在
英国，威廉·皮特（William Pitt）政府越来越多地利用英格兰银
行为对法战争提供资金援助。过度的信贷导致了黄金的外流，于
是在 1797 年，英格兰银行被要求暂停赎回。之后的 24 年，英国
停止黄金支付，英镑贬值，经历了前所未有的通货膨胀。③ 1821
年，英国回归金本位。货币再一次进入衰退时期，这似乎符合先
进的货币理论，即皮特政策策动下所谓的重金主义论。④ 被称为
货币学派的英国经济学家认为，流通货币扩张不仅会使价格上
涨，而且会掀起信贷驱动的繁荣，引发新一轮的商业周期，但这
种繁荣必然会转变成经济衰退。他们的深刻见解在 1844 年英国国

---

① Friedrich August von Hayek, "First Paper Money in Eighteenth-Century France," in F. A. Hayek, W. W. Bartley III and Stephen Kresge, eds., *The Trend of Economic Thinking*, Vol. 3 (London: Routledge, 1991), pp. 155-163.

② Murray N. Rothbard, *A History of Money and Banking in the United States: The Colonial Era to World War II* (Auburn: Ludwig von Mises Institute, 2005), pp. 59-62.

③ Murray N. Rothbard, *Classical Economics: An Austrian Perspective on the History of Economic Thought*, Vol. II (Northampton: Edward Elgar, 1995), pp. 159-161; Vera C. Smith, *The Rationale of Central Banking and the Free Banking Alternative* (Indianapolis: Liberty Press, 1990), pp. 14-18.

④ Murray N. Rothbard, *Classical Economics: An Austrian Perspective on the History of Economic Thought*, Vol. II (Northampton: Edward Elgar, 1995), pp. 157-274.

会通过《银行特许条例》时发挥了作用，该法又被称为《皮尔条例》，规定禁止私人银行发行纸币。而作为对部分准备金银行的限制（当时英国早已回到了金本位），该条例最终未能通过银行抑制存款资金的创造，却带来了进一步强化英格兰银行垄断地位的虚假效应。这是学术界关注货币扩张影响政治辩论观点为数不多的事件之一。[①]

只要法定的货币制度不断增强，表面看上去仍在发挥作用，国家和银行就肯定会从该制度中受益。国家和银行的代表可能认为，他们可以永远享有这些好处，这种纸币体制可以持续存在。然而，由于它总是会走向消亡的，因此其矛盾同时还将损害表面上的受益者。过度扩张的银行业已然只能依靠中央银行和国家的持续支持才能得以生存了，反过来，国家保护已经丧失了通常是真正的资本主义企业才有的灵活性、自主性和独立性。银行从自己惨痛的经历中意识到，银行业作为自由市场的一种尝试，在国家控制的法定货币制度中是不可能存在的。最终，国家成为银行的保护伞，而银行成为中央银行向外扩张的工具。后期负债累累、无力量入为出、沉迷于廉价信贷的现代国家发现自己与过度扩张的金融业休戚相关，它需要保护该行业免受市场力量的影响，同时也要依赖该行业使自己在当前经济环境下得以生存。通过不断加强国家干预来维持最终不可持续的东西将越来越多地扰乱整个经济的市场力量，削弱资本，从而使国家丧失其自身的收

---

① Detlev S. Schlichter, *Paper Money Collapse* (New Jersey: John Wiley & Sons, Inc., 2011), p. 205.

入来源。到头来，没有人会从中受益。[1]

不难看出，银行和更广泛的金融业是如何从现有的纸币基础建设中获益的。部分准备金银行享有创造货币作为信用媒介的特权，他们不但几乎无需付出任何代价，而且可以借贷给非银行机构，赚取利息，这显然是非常有利可图的。更广泛的金融业由于通常是新增款项的第一接收者，也获得了丰厚的利益。正如我们所看到的，新增款项的早期接收者在许多商品的价格都上涨时享受着以前从未遇到过的完全未削弱的购买力，而那些在其后才拿到钱的人就无利可图了。自1971年引进灵活的法定货币后，金融业大幅扩张，这并不足为奇。尤其是自20世纪80年代末期以来，扩张的资金主要流向了金融资产和房地产市场，从而使此类资产持有者和在市场中以牺牲社会其他利益为代价来操纵这些资产的人获利匪浅。[2]

国家用无限的法定货币替代僵化的政治商品货币，使中央银行成为最后贷款人，这在很大程度上使个别银行的风险社会化，允许部分准备金银行在国家的监管下进行大规模扩张。[3]

有人认为中央银行和国家法定货币的存在仅仅是对部分准备金银行做出的反应，这一观点是错误的。有史以来，国家都把纸币强加给人民，经营享有特权的国家银行，明目张胆地资助国家

---

[1] Detlev S. Schlichter, *Paper Money Collapse* (New Jersey: John Wiley & Sons, Inc., 2011), p. 222.

[2] Detlev S. Schlichter, *Paper Money Collapse* (New Jersey: John Wiley & Sons, Inc., 2011), p. 223.

[3] Detlev S. Schlichter, *Paper Money Collapse* (New Jersey: John Wiley & Sons, Inc., 2011), p. 223.

的开支。然而，正如我们所看到的，在 20 世纪一些调整取得了一定的成绩，实现了国家和部分准备金银行业的权益联营。如今银行只有在国家的全力支持下，才能在其践行的大规模范围内开展部分准备金银行业务。对于大规模准备金银行业来说，无限的国家纸币、货币法、最后贷款人中央银行、国家支持的存款保险，具有讽刺意味的是，甚至政府管制都是不可或缺的。反过来，国家掌控了社会货币领域和某些特权，这些特权使其可以运行比本应可行的赤字更大的赤字，与此同时，国家在这一领域享有的特别权力作为符合公众利益的安排出现在绝大多数公众面前。这就必须有人来约束银行家们，控制他们印钞的速度。①

国家银行联盟必然涉及占主导地位的中央银行周围银行的卡特尔。银行在很大程度上成为国家和经济政策的延伸部分。然而，实践证明，这一系统并不能去除经济周期，它只是延长并扩大了经济周期。在这个系统中，银行规模变得更大了，却也变得更加不安全起来。在不可避免的经济低迷时期，银行业得到了国家更多的保护，这是因为，在大规模膨胀的银行业中，银行倒闭比以前更让人痛苦。银行在中央银行制度化的支持下规模变得越大，在下一次经济危机中，就会要求得到越多的支持，并促使政府出台越多对银行业有利的措施。纸币、中央银行和其他措施不过是银行业的结构性补贴而已，他们必须创造出一个让人认为大多数公司"太大且不会倒闭"的新产业，这才是唯一合乎逻辑的。在这一点上，国家在社会化遭受巨大损失的同时，似乎不太

① Detlev S. Schlichter, *Paper Money Collapse* (New Jersey: John Wiley & Sons, Inc., 2011), p. 224.

可能允许银行自主经营及其将利润占为己有。不能破产的企业不再是自由市场中的企业，而是国家的部门，如警察局或者尚未私有化的邮局。但是，在国有化的金融体系中，资产分配无疑毫无效率可言，且依据的也是政治目标。尽管银行在信贷分配上的表现并不尽如人意，但国家的官僚机构显然是执行这一职能更差的候选人。如果没有一个功能良好的自由市场，不以市场价格为导向，不以谋利为动机，或失败后毫无前景可言，那么在经济上，就不存在合理可行的信贷分配。但是，如果不是先具备了"谋利动机"的话，那么所有这些因素，"自由市场"、"市场价格"以及"失败的前景"，都已经彻底被由无限的纸币和最后贷款人中央银行构成的系统削弱了。①

此外，银行业在政府的反危机计划中起到了至关重要的作用。任何货币刺激都必须经由银行业才能到达更广泛的经济领域，也强有力地资助了银行。因此，无论是国家还是银行，最初都不必承受繁荣和萧条周期的全部后果，这是其印钞特权带来的不可避免的结果。包括银行国有化在内的救助计划以及不断扩张的状态都是国家纸币系统的内在因素。随着金融业的规模越来越大，其不稳定性对整体经济的威胁也越来越大，这就促使其不断扩张，然而所有一切最终都是徒劳的。国家通过监管机构和中央银行越多地控制货币和信贷，银行业的竞争力就越弱，资本就越少。最后，货币和信贷将全面国有化，积极的货币扩张将越来越多，以避免大量混乱局面的清算工作。在这一点上，私有化银行

---

① Detlev S. Schlichter, *Paper Money Collapse* (New Jersey: John Wiley & Sons, Inc., 2011), p. 225.

和有竞争性的银行可能不再被视作"必要的"。[①]

四 早期股票市场

荷兰东印度公司（简称 VOC，成立于 1602 年）开发出了逐
渐壮大的股票二级市场，如图 2-3 所示，人类历史上最早的股票
"荷兰东印度公司股票"便诞生于此。此外，荷兰东印度公司也
第一次展现出了二级市场发展的必要先决条件：公司股票充足、
大量股东认购股票、明确的股权转让规定，最重要的是，该公司
持续经营近 200 年。这是与早期股权融资公司的主要区别。早期
股权融资公司存在的时间通常相当于其单次航行的时间，当船舶
从目的地返回时，公司进行清算，收益分配给股东。

图 2-3 人类历史上最早的股票：荷兰东印度公司股票
资料来源："Dutch East India Company," https://en. wikipedia. org/
wiki/Dutch_ East_ India_ Company。

[①] Detlev S. Schlichter, *Paper Money Collapse* (New Jersey: John Wiley & Sons, Inc., 2011), p. 225.

要想搞清楚 VOC 的长久性是如何激励其股东转让股份的并不难。大多数股东都不希望他们的钱被无限期地锁定在公司，因此他们会在诸如急需现金、不得已时买卖股票。这正是股东们在 17 世纪头 10 年所做的事情，可以从阿姆斯特丹商会会计部门对股权转让行为的详细记录中窥知一二。记录表明，1609~1639 年，每年股票转让的数量几乎都比前一年翻了一番，但 1639 年活跃账户的数量要低于 1609 年。换言之，较少的股东进行了几乎 2 倍数量的股票转让。

基于名誉、信誉和同行压力的私人执行机制在 VOC 股票二级市场上恰到好处，这就解释了上述的观察结果。该机制避免出现买家反悔的情况。这种私人执行机制只有在处于成败关头、资金数额过高时才会失去效用。

私人执行机制最强大的形式是像 Collegie vande Actionisten 那样的交易俱乐部，其相对较弱的形式是 Rescontre 会议。此外，还应强调的是，在现代社会初期，信誉和名誉都是非常重要的个人资产，因此某些形式的信誉管理机制通常也适合现代初期的交易。期货贸易合同就强调了交易者名誉的重要性：在合同当事人名字前加了"尊敬的"一词，且在合同底部的罚款条款中称交易者为君子（luyden met eere）。①

这一切看似可以维系市场的有序运行，但期货市场的风险巨大，期货交易不能依靠法律强制执行，参与期货交易的人要确

---

① Femme S. Gaastra, "War, Competition and Collaboration: Relations between the English and Dutch East India Company in the Seventeenth and Eighteenth Centuries," in H. V. Bowen, Margarette Lincoln and Nigel Ribgy, eds., *The Worlds of the East India Company* (Leicester: 2002), p. 55.

信,对方不仅说他们是值得尊敬的人,而且他们的行为也能够名副其实。阿姆斯特丹商会确实"隐匿"了许多声名狼藉的商人,他们最喜欢买入期货和收取期权定金。对于这些商人而言,如果他们发现将在这些合同上遭受损失,他们就会选择违约以降低损失。阿姆斯特丹的商人并不会与此类商人进行交易;而此类商人也只会跟那些不了解他们坏名声的商人(如外国人)进行交易。但是,一个交易者如何才能了解所有可能的交易对手的信誉和声誉呢?

首先,经纪人要尽可能多地收集商人的信誉资料,而Rescontre 和交易俱乐部定期召开的会议就为信誉问题提供了一个较好的解决方案。这些会议有很强的实力,它能号召大量的商人定期在同一地点开会。有关此交易会议参与者的信誉资料会在商人中间快速传播,一个名声不好的商人会发现自己很难找到商人进行交易。此外,商人们在会议期间学会了相互了解,更因为互利互惠,他们会频繁进行交易。

其次,交易俱乐部的私人执行机制更深入地向前迈进了一步。这些俱乐部召开的都是私人会议,参与者有可能被开除。股票交易者一旦获准加入,就有可能取得大量可获利的交易,新的成员很可能只有在另一名成员引荐后才获准加入。然而,如果一个交易者没有达到俱乐部的标准,那么他将不能再参加交易会议,他的参会资格随之丧失。这么做符合各方的利益,以保证他们履行协议。4 个经常参会的商人出具的证明就强调了在俱乐部交易的社区内荣誉和信誉的力量:他们证明了俱乐部内的交易者很少使用书面合同进行交易。在值得尊敬的商人间,口头协议就足够了。

违约的商人未必真的不在意自己的名声，但当其将要承担的期货合同的损失太高时，放弃名誉成了一种无奈之举。这正是基于商人信誉的私人执行机制的不足之处：交易俱乐部的参与者对他们声誉的重视程度有一定的限制。如果股价大幅下跌，交易者不得不做出艰难的评估：他们可能选择违约，失去精心积累的口碑，或者他们会履约，损失一大笔钱。在不少事例中，天平向违约一边倾斜了。例如，1664~1665 年，在 VOC 时代到来之前，股价出现了有史以来最大的降幅。然而，仅 7 年之后，股价就经历了更大的跌幅。股价在 1672 年 6~7 月跌至 280 个基点。对于许多交易者来说，此次价格下跌的幅度太大了，在他们心中的权重已经超过了他们的清白名声。俱乐部的参与者相互交易，都试图保持投资组合平衡。虽然个别期货属于风险交易，但交易者通过做相反交易降低了他们的投资组合风险。这个系统一直都会很好地运作，直到其中一名交易者退出。所有交易对手的投资组合都将不再平衡，这就刺激他们背弃一个或多个合同，因此产生连锁反应，导致一系列交易不能履约。1672 年出现的价格暴跌就突出了交易俱乐部及其私人执行机制的不足之处：它是建立在其参与者的荣誉和信誉之上的，但该体系也因此在其中一个参与者选择退出时就失去了平衡，且他们没有任何可以求助的正式机构。

五　金融危机：神话与灾难

17 世纪 90 年代，阿姆斯特丹成为世界金融创新之都。荷兰在 16 世纪末期发动了反对西班牙的独立战争，为了给战争融资，荷兰改进了意大利的国债制度。① 它还通过创建世界上第一个中央银行——阿姆斯特丹汇兑银行（威塞尔银行）——改革了自己的货币，从而通过创造可靠形式的货币解决了铸币质量低劣的问题。也许这家股份制公司才是荷兰最伟大的发明。因此，荷兰议会，即联合省议会，在战略分析和谋利动机的双重激励下，提议将现有公司合并成一个单一的实体。结果，联合东印度公司——荷兰东印度公司于 1602 年正式成立，垄断了好望角东部以及麦哲伦海峡西部所有的荷兰贸易。联合省所有居民都可以认购该公司的资本，且宪章上并未设置涨价上限。商人、工匠甚至仆人都争先恐后地去认购股份；仅在阿姆斯特丹，就有 1143 名认购者，其中只有 80 人的投资超过了 10000 盾，445人的投资少于 1000 盾。VOC 募集到的 645 万盾资金使该公司成为该时代最大的公司。大不列颠东印度公司是 VOC 的英国竞争对手，该公司早在两年前就曾募集资金，但仅从 219 人手中募集到了 68373 英镑（约合 82 万盾）。②

　　第一家上市公司首次公开发行股票后，就出现了一个二级市场，允许交易这些股票。事实证明，这是一个流动性很强的市场。起初，这种交易是在非正式的露天市场中进行的，在阿姆斯特丹的沃尔莫大街（Warmoesstreat）或老教堂（Oude Kerk）。但该市场对 VOC 股票的反应异常活跃，于是在 1608 年，阿姆斯特

---

① 除此之外，还引进了彩票贷款，允许人们赌博，因为这是把储蓄投资于政府债务。
② Niall Ferguson, *The Ascent of Money：A Financial History of the World*（New York：Penguin Books，2008）.

丹决定在洛今街上建造有屋顶的贝尔拉格证券交易所。①

阿姆斯特丹汇兑银行也在同一时期（1609 年）成立了，这并不是巧合，因为如若没有有效的货币制度，股票市场就不能正常运作。荷兰银行家一旦开始接受 VOC 股票作为贷款抵押品，人们就开始努力加强证券市场和信贷供应之间的联系了。接下来，银行开始开展贷款业务，于是人们可以凭信用购买股票。股份公司、证券交易所和中央银行就为新型经济提供了进行三方贸易②的基础。③

VOC 经济和政治地位的上升可以追溯到其股价。阿姆斯特丹的股市无疑是不稳定的，然而，在该公司成立后的一个多世纪里，股价长期的趋势显然是上升的。1602~1733 年，VOC 的股票从票面价值 100 上涨到了前所未有的高峰 786，但事实上，1652~1688 年的光荣革命，使该公司一直在遭受英国竞争者的质疑。④

六　约翰·劳与密西西比泡沫

"法王路易十四连年征战，导致政府背负了巨额的公债，在不到一百年里，就濒临第三次破产。"1715 年 10 月，约翰·劳（见图 2-4）向皇家委员会提交了第一份有关公众发钞银行的建议书，同时要求银行也应该充当皇室出纳，接收所有的税款，但

---

① Niall Ferguson, *The Ascent of Money*: *A Financial History of the World*（New York：Penguin Books，2008），p. 132.
② 三方贸易，包括中央银行（信用创造和清算系统）、股份公司（发行股票和创造利润），以及证券交易所（自由买卖股票）。
③ Niall Ferguson, *The Ascent of Money*: *A Financial History of the World*（New York：Penguin Books，2008），p. 132.
④ Niall Ferguson, *The Ascent of Money*: *A Financial History of the World*（New York：Penguin Books，2008），p. 136.

由于诺阿耶公爵的反对，此项大胆的建议遭到了拒绝。此后，约翰·劳提出了第二个有关创建纯粹私人银行的提议，并获利了成功。1716 年，在约翰·劳的指导下，法国设立了通用银行。这家银行在此后 20 年里一直拥有发行货币的特权，其货币可以用来兑换硬币（金币或银币）。1717 年，他说服政府发出敕令，规定法国所有税收皆以通用银行钞票缴付，虽然某些地方最初对此措施非常抵触，但最终该命令在政府干预下得到了强制执行，约翰·劳也向前迈进了一步。政府为了进一步支持劳的建议，向通用银行颁发了皇家批准印章：1718 年 10 月，通用银行成为皇家银行，实际上也是第一家法国中央银行。为了增强票据的吸引力，这些票据此后可以用来兑换代表固定金额的银或比较常用的里弗尔①。法国从铸币开始向纸币发生转变。②

图 2-4　约翰·劳

资料来源：陈雨露、杨忠恕《中国是部金融史 2：天下之财》，九州出版社，2014，第 100 页。

---

① 里弗尔是一种与金银兑换比例可变的记账单位。

② Niall Ferguson, *The Ascent of Money: A Financial History of the World* (New York: Penguin Books, 2008), pp. 138–142.

约翰·劳已是规模庞大的公司的大股东，本人对获得政府许可进行货币扩张有着浓郁的兴趣。他通过发行新的股票，而不是花费公司利润，为收购其他各种公司和自租税农场（Tax farms）提供了资金。1719 年 6 月 17 日，密西西比公司发行了 50000 股股票，每股面值 550 里弗尔。从 1719 年夏天开始，想要以钱生钱的投资者得到了皇家银行慷慨的帮助，该银行允许股东用其股票做抵押申请贷款；再以贷款购买更多的股票。不出所料，股价飙升。最初的原始股每股面值在 8 月 1 日达到了 2750 里弗尔，在 8 月 30 日达到了 4100 里弗尔，在 9 月 4 日达到了 5000 里弗尔。这就促使约翰·劳以最新的市场价格增发了 10 万股股票。他用自己赚到的充裕资金支付欠缴的养老金，并提前支付了养老金——这是一种在特权阶级间构建支持的可靠方法。1719 年 9 月，甘康普瓦大街上挤满了成百上千的人，这条街是圣马丁街和丹尼斯街之间的狭窄通道，密西西比公司的股票发行办公室就设在这条街道上。法王路易十四曾说过“朕即国家”，而此时的约翰·劳则可以理所当然地说“我就是法国经济”。①

然而，在股票市场外，通货膨胀正以惊人的速度加剧。1720 年 9 月，通货膨胀达到了顶峰，巴黎的物价约是两年前的 2 倍，其中大部分的增长都发生在 1719 年的 11 个月。这反映了约翰·劳所引起的货币流通量极大地增加了。在近一年时间里，他增发的货币数量翻了一倍还要多。1720 年 5 月，用里弗尔计的货币供

----

① Niall Ferguson, *The Ascent of Money: A Financial History of the World* (New York: Penguin Books, 2008), pp. 143-148.

应总量①约是法国以前使用过的金银制计的货币供应量的 4 倍还多。②

　　有些人开始预测纸币将会贬值，并开始恢复以金银进行支付。约翰·劳曾经是专制主义者，他对此最初的反应就是采取强制手段。纸币是法定货币。在禁止出口黄金和白银的同时，约翰·劳痴迷地胡乱调整用黄金和白银兑换纸币的汇率，1720 年 9 月~1720 年 12 月，他更改官方的黄金价格 28 次，更改白银价格不下 25 次——他这么做都是为了使纸币比硬币更吸引公众。1720 年 4 月 21 日，约翰·劳为了避免经济彻底崩溃，竭力诱导摄政者颁布通货紧缩法令，计划逐月将密西西比公司股票的官方价格从每股面值 9000 里弗尔降至 5000 里弗尔，同时他还将流通纸币数量减半。此外，他还降低了纸币的面值，撤销了先前的订单，保证再不会发生此类情况。此时，皇家绝对论及劳体制的基础的局限性突然变得明显起来。公众强烈的抗议迫使政府在颁布这些通告仅 6 天后就撤销了，但到这个时候，民众已对该制度丧失了信心，这种迫害已不可挽回了。最初的平静过后，股价从 9005 里弗尔（5 月 16 日）暴跌至 4200 里弗尔（5 月 31 日）。愤怒的人群聚集在银行外面，而该银行已经无力满足公众对货币的需求了。5 月 29 日，约翰·劳提交了辞呈，但被不客气地驳回了。他被软禁了起来；他的敌人想让他进巴士底狱。约翰·劳此生第二次面临牢狱之灾，甚至被判处死刑。调查委员会很快就证实，约翰·

---

①　相当于公众持有的纸币和股票之和，因为股票可以随时兑换成现金。
②　Antoin E. Murphy, *John Law: Economic Theorist and Policy-Maker* (Oxford: Oxford Press, 1997), p.239.

劳发行纸币违反了授权的权限，随即被起诉。皇家银行倒闭了。但很快人们就发现，除了他，再没有人可能避免金融体系彻底崩溃了——毕竟，这是他的制度。他再度掌管密西西比公司，临时任商业总监，竟然引起了股票市场的反弹，密西西比公司的股价在 6 月 6 日重新涨至 6350 里弗尔。然而，返照之回光很快就熄灭了。10 月 10 日，法国王朝被迫在国内交易中再度使用金和银。密西西比州股价不久后再次下跌，9 月，股价跌落到 2000 里弗尔，12 月，跌落到 1000 里弗尔。谁也挡不住市场恐慌的全面降临。就在这一刻，约翰·劳在法国国民的痛骂和媒体的嘲讽声中，黯然离去。[1]

然而，法国的损失绝不仅仅在金融上。约翰·劳制造的泡沫和导致的破产致命地推迟了法国金融的发展，使法国人民一连好几代都不再碰触纸币，进入股票市场。法国皇室的财政危机仍未解决，路易十四统治的其他人员以及他的继承者路易十六朝不保夕，只能在一个接一个失败的改革中蹒跚前行，直到皇室财政破产导致法国大革命的爆发才有所改善。相比之下，英国同期的南海泡沫明显要小得多了，且波及人口也较少——这不仅仅是因为南海公司从未以约翰·劳控制通用银行那样的方式获得对英格兰银行的控制权，还因为英国政府及时调整了对股票支持的态度。当伦敦的股票回落到合理价格后，南海公司除了约束《泡沫法案》描述的未来股份公司的组建外，就不再持久而系统性地破坏金融体系了。南海公司本身仍然存在，政府债务没有逆转，外国

[1] Niall Ferguson, *The Ascent of Money: A Financial History of the World* (New York: Penguin Books, 2008), pp. 149-152.

投资者没有放弃英国证券。[1] 法国上下都受到了约翰·劳所引发的通货膨胀危机的影响，但英国似乎受南海泡沫的影响不大。[2] 在这两个泡沫的故事中，法国人经历了最糟糕的时代。[3]

密西西比泡沫和海南泡沫的始作俑者是政府，是一种超越环境的金融创新失败的结果，反映了货币的实质和市场交易机制后的政府债务重组安排。约翰·劳，这位早期凯恩斯主义者金融学家，试图通过政府经营来刺激需求，但这些措施在国王的贪婪和垄断权力操作之下变为了掠夺民众的手段。造成泡沫的根源并非投资者的盲目跟风，而是政府操控的利用垄断和权力所进行的财富掠夺。[4]

不会有什么其他事情比重复的股市泡沫更能清楚地说明人类从历史中学习的难度了。自首次交易股票以来的 400 年里出现了一连串的金融泡沫。股价屡次三番地飙升到不可维持的高度，然后暴跌。一次又一次，这个过程一直存在欺诈，因为不法人士总是以牺牲天真的新手为代价谋求利润。我们对这种模式如此熟悉，可以将其分为五个阶段。第一阶段：转换阶段，即经济环境的一些变化为某些公司创造了新的赚钱机会。第二阶段：交易过量阶段，表现为反馈过程使预期利润上升，股价快速增长。第三

---

① Larry Neal, *The Rise of Financial Capitalism*: *International Capital Markets in the Age of Reason* (Cambridge: Cambridge Press, 1990), p. 90.

② Julian Hoppit, "The Myths of the South Sea Bubble," *Transactions of the Royal Historical Society* (*Sixth Series*) 12 (2002): 141–165.

③ Niall Ferguson, *The Ascent of Money*: *A Financial History of the World* (New York: Penguin Books, 2008), pp. 154–157.

④ 王巍：《金融可以颠覆历史：挑战世界观的金融故事》，中国友谊出版社，2013，第103 页。

阶段：泡沫阶段，表现为容易获得资本收益的前景吸引了渴望诈取他们钱的新投资者和骗子。第四阶段：不良性应激阶段，此时，业内人士发现预期利润并不可能证明现在过高的股价是正当的，并开始通过销售获利。第五阶段：信用崩塌阶段，随着股价下跌，局外人纷纷蜂拥而出，导致泡沫破裂。[①]

股市泡沫具有另外三个周期性的特征。第一个特征是被称为信息不对称的作用。业内人士比局外人了解更多内情，因为他们关注泡沫公司的管理，他们想从局外人身上分到钱。当然，业务中总是存在这样的不对称现象。但在泡沫中，业内人士会以欺骗的手段对此现象加以利用。第二个特征是跨境资本流动的作用。当资本从一个国家流向另一个国家时，更容易产生泡沫。以主要的金融中心为基础的、经验丰富的投机者可能缺乏真正了解内幕的人掌握的内幕信息。但他更容易找到合适的时机——在泡沫破灭之前买入并卖出，这比天真的新投资者要好得多。换句话说，在泡沫中，并非每个人都是不理性的，或者至少有些精力充沛的人就比其他人要有理性得多。第三特征也是最重要的，没有简单的信贷创造，就不会发生真正的泡沫。这就是为什么如此多的泡沫都起源于中央银行的不作为或假手于人。[②]

---

① Niall Ferguson, *The Ascent of Money: A Financial History of the World* (New York: Penguin Books, 2008), p. 121.

② Niall Ferguson, *The Ascent of Money: A Financial History of the World* (New York: Penguin Books, 2008), p. 122.

第三章

现代欧洲的金融组织发展

一 证券市场的开发

16世纪中叶，欧洲地区已经出现标准的合同结算、固定的交易场所，期货交易的雏形应运而生。但真正意义上的现代期货交易始于19世纪中叶，美国成立的芝加哥期货交易所（CBOT或CBT）成为首家规范化的期货交易市场，开始远期合约交易。事实上，在19世纪，芝加哥已成为美国主要的农产品集散地。农民把谷物运到芝加哥，之后，再把其中大部分向东运往大多数美国人的居住地。为规范交易过程中谷物的质量和数量，82位谷物商便于1848年组建了芝加哥期货交易所。期货交易市场立马就出现了，随后便得到了更大的发展。而所有这一切都是在1849～1850年以低调的方式拉开帷幕的，与现货交易不同，人们采用的是目的地交货合同，即在某个特定地点交易的简单远期合约，允许农民以预先订好的价格在以后某个时间出售谷物。经协商，这些合同规定大约自收割节起每隔一周交一次货。随着期货交易的生意蒸蒸日上，19世纪60年代中期，芝加哥期货交易所为提高效率，精简了交易流程，进一步规范了合同金额、商品质量、交货日期和交货地点等。因而，"目的地交货合同"开始被称为期货合同。更为重要的是，芝加哥期货交易所还要求买卖双方缴纳履约保证金，称为"押金"，大大规避了交易者的违约风险。1877年之前，只有谷物生产者或者购买者才可以在芝加哥期货交易所进行交易。1877年，芝加哥期货交易所开始允许投机者参与交易，这些投机者与生产者、购买者的交易目的不同，仅仅是获得利润，而不是套期保值。[①]

从交易量方面看，一部分全球最大的期货和期权交易所都是近年来才开始营业的。如欧洲的欧洲期货交易所、美国的国际证券交易所、墨西哥的衍生品交易所、中国的上海期货交易所和台湾期货交易所、印度的国家证券交易所等新的期货和期权交易所，均已加入芝商所集团和伦敦金属交易所的行列。即使像孟加拉国、洪都拉斯、拉脱维亚和突尼斯这样的国家，在发展新兴金融市场的同时，也都拥有期货交易所。表3-1展示了目前世界前30名衍生品交易所的排名情况。总之，如今有近百家期货和期权交易所在全球各地运营。其中，许多交易所都仿效了美国的期货交易所，甚至是依靠美国的专业技术建立起来的。

[①] Robert A. Jarrow and Arkadev Chatterjea, *An Introduction to Derivative Securities, Financial Markets, and Risk Management* (New York: W. W. Norton & Company, 2013), pp. 188-189.

表 3-1　世界前 30 名衍生品交易所

单位：张

交易所	2009 年 1~12 月	2010 年 1~12 月	变化（%）
韩国交易所	3102891777	3748861401	20.8
芝加哥交易所集团（包括芝加哥期货交易所以及纽约商品交易所）	2589555745	3080492118	19.0
欧洲期货交易所（包括国际股票交易）	2647406849	2642092726	-0.2
纽约泛欧交易所集团（包括美国以及欧洲市场）	1729965293	2154742282	24.6
印度国家证券交易所	918507122	1615788910	75.9
巴西交易所	920375712	1422103993	54.5
芝加哥期权交易所（包括 CFE 和 C2 交易）	1135920178	1123505008	-1.1
纳斯达克（包括美国以及北欧市场）	815545867	1099437223	34.8
印度多种商品交易所	385447281	1081813643	180.7
俄罗斯证券交易所	474440043	623992363	31.5
上海期货交易所	434864068	621898215	43.0
郑州商品交易所	227112521	495904984	118.4
大连商品交易所	416782261	403167751	-3.3
洲际交易所（包括美国、英国以及加拿大市场）	263582881	328946083	24.8
大阪证券交易所	166085409	196350279	18.2
南非证券交易所	174505220	169898609	-2.6
台湾期货交易所	135125695	139792891	3.5

续表

交易所	2009 年 1~12 月	2010 年 1~12 月	变化（%）
东京金融交易所	83678044	121210404	44.9
伦敦金属交易所	111930828	120258119	7.4
香港交易及结算所	98538258	116054377	17.8
澳大利亚证券交易集团（包括 ASX 和 ASX24）	82200578	106386077	29.4
波士顿期权交易所	137784626	91754121	−33.4
特拉维夫证券交易所	70914245	80440925	13.4
伦敦股票交易集团（包括 IDEM 和 EDX）	77490255	76481330	−1.3
西班牙期货 & 期权交易所	93057252	70224176	−24.5
土耳其衍生商品交易所	79431343	63952177	−19.5
阿根廷罗萨里奥期货交易所	51483429	62046820	20.5
新加坡交易所（包括新加坡商品交易所和亚洲结算系统）	53237389	61750671	16.0
中国金融期货交易所	0	45873295	—
蒙特利尔交易所有限公司	21937811	30823273	40.5

注：此表根据 2010 年期货以及期权交易量排名整理得到。

资料来源：Robert A. Jarrow and Arkadev Chatterjea, *An Introduction to Derivative Securities*, *Financial Markets*, *and Risk Management*（New York：W. W. Norton & Company, 2013），pp. 95~96。

欧洲联盟（德语：Europäische Union，法语：Union européenne），简称欧盟（EU），旨在创立一个共同的市场；反过来，这样一个相对统一的市场，使欧洲地区在整个世界的经济交流、金融发展中起到了举足轻重的作用，建立了多家期货期权交易所。德国期货交易所（DTB）[1]与瑞士期权和金融期货交易所（SOFFEX）是欧洲地区两个著名的交易所。1998年年中，为参与全球重大技术变革，应对欧元（Euro）的来临，德国期货交易所与瑞士期权和金融期货交易所建立策略联盟，共同投资成立欧洲期货交易所。通过统一的技术平台，欧洲期货交易所开始买卖并结算衍生工具——期货与期权。

从总体上看，欧洲期货交易所是一个分权式的交易系统，运作模式类似于场外交易市场。其成员可以利用电子系统，从世界各地进行访问，形成一个全球性的网络。由于配备了大量的衍生产品，欧洲期货交易所超过了美国芝加哥期货交易所和芝商所集团，成为全球第一大衍生品交易所。1999年，欧洲期货交易所的交易量超过3000万份合约。2000年，其交易量更是超过了4000万份合约。2000年，阿姆斯特丹、布鲁塞尔和巴黎的证券交易所签署协议，合并为泛欧证券交易所（Euronext）。2002年，泛欧证券交易所收购了伦敦国际金融期货及期权交易所（LIFFE），随后又合并了葡萄牙里斯本证券交易所。至今，该公司的全球衍生品业务已跻身全球五大衍生品交易所之列。[2]

表3-2展示了部分交易所的基础信息。为降低交易费用，实现规模经济效应，很多金融衍生品交易所实施了并购的策略。泛欧证券交易所（Euronext）和纽约证券交易所（NYSE）两家交易

---

[1] DTB成立于1989年，是一个全面电子化交易的期货交易所。

[2] Robert A. Jarrow and Arkadev Chatterjea, *An Introduction to Derivative Securities, Financial Markets, and Risk Management* (New York: W. W. Norton & Company, 2013), pp. 192-193.

所合并成立了纽约泛欧交易所（NYSE Euronext），同时拥有美国
股票交易所、太平洋交易所、伦敦国际金融期货交易所和其他两
家法国交易所；洲际交易所则收购了纽约交易所、国际石油交易
所和温尼伯商品交易所；德国 Borse AG 公司和瑞士 SWX 交易所
共同拥有 EUREX，同时并收购了国际证券交易所。

表 3-2 各交易所基础信息

交易所	简称	网址
澳大利亚股票交易所	ASX	www. asx. com. au
巴西商品及期货交易所	BMF	www. bmfbovespa. com. br
孟买证券交易所	BSE	www. bseindia. com
波士顿期权交易所	BOX	www. bostionoptions. com
马来西亚股票交易所	BM	www. bursamalaysia. com
芝加哥商品交易所	CBOE	www. cboe. com
中国金融期货交易所	CFFEX	www. cffex. com. cn
芝加哥交易所集团	CME	www. cmegroup. com
大连商品交易所	DCE	www. dce. com. cn
欧洲期货交易所	EUREX	www. eurexchange. com
香港期货交易所	HKFE	www. hkex. com. hk
洲际交易所	ICE	www. theice. xom
国际债券交易所	ISE	www. iseoptions. com
堪萨斯城交易所	KCBT	www. kcbt. com
伦敦金属交易所	LME	www. lme. co. uk
西班牙固定利得及不固定利得金融期货交易所	MEFF	www. meff. es
墨西哥衍生品交易所	MEXDER	www. mexder. com
明尼阿波利斯谷物交易所	MGE	www. mgex. com

交易所	简称	网址
蒙特利尔交易所	ME	www. me. org
纳斯达克 OMX 集团	OMX	www. nasdaqoms. com
孟买国家证券交易所	NSE	www. nseindia. com
纽约泛欧交易所	Euronext	www. nyse. com
大阪证券交易所	OSE	www. ose. or. jp
上海期货交易所	SHFE	www. shfe. com. cn
新加坡交易所	SGX	www. ses. com. sg
东京谷物交易所	TGE	www. tge. or. jp
东京金融交易所	TFX	www. tfx. co. jp
郑州商品交易所	ZCE	www. zce. cn

资料来源：约翰·赫尔《期权、期货及其他衍生产品》（第八版），王勇、索吾林译，机械工业出版社，2011，附录 B。

二 私人银行与金融国际化

欧洲地区的私人银行市场已经发生了重大的变革，对于金融市场的众多"玩家"来说，这些变革既是机遇，又是挑战。部分研究显示，私人银行市场的潜能巨大，具有相当广阔的发展前景和丰厚的利润预期。然而，尽管私人银行是极具吸引力的银行业务部门，但行业内竞争与日俱增。同时，客户不再满足于同质化严重的服务，对银行业务的要求越发精细，所以客户对银行分化的需求迫切，银行分化内生动力十足。零售银行已经觉察到潜在的利润空间，专业的私人银行将面对更多来自零售"巨头们"的竞争；而零售银行也逐渐发现很难改变自身的企业文化，难以将关注的焦点从提高交易量转变到提升高价值的服务上。[1]

1. 英国

作为英国各种金融业务的中心，伦敦打造出了充满吸引力的私人银行业务环境。尽管在成立初期，欧洲中央银行将总部设在法兰克福，但是伦敦继续吸引着来自全球各地的私人客户，并为这些国际私人客户带来诸多益处。1994 年，一项行业调查表明，在伦敦运营的外国银行首次突破了 500 家，达到 514 家。相较此时，在法兰克福运营的外国银行仅有 180 家，在巴黎运营的外国银行则不足 250 家。伦敦银行业规模可见一斑，而唯一不足之处在于从俄罗斯、捷克和亚洲引进的银行管理相对松散，降低了人们对"金融城"伦敦在银行业中享有重要地位的普遍认同感。

大量的银行和金融机构一度是支持伦敦在全球交易中占据关键地位的坚强后盾。除作为银行和金融机构的"摇篮"以外，伦敦也是顶尖的国债产品交易中心。伦敦国债产品的日交易量高达 3000 亿美元，约占全球交易量的 34%。相比之下，德国和法国巴黎的国债产品交易规模就小了许多，日交易量仅有 570 亿美元和 360 亿美元。同时，在伦敦，外国股份和股票的交易规模也是最大的，1993 年第三季度，整个英国股票交易总额为 2250 亿美元，伦敦的交易额则约占其一半；伦敦还是世界上最大的国际基金管理中心。[2]

---

[1] Lyn Bicker, *Private Banking in Europe* (London：Routledge，1996), p. 113.

[2] Lyn Bicker, *Private Banking in Europe* (London：Routledge，1996), p. 67.

对私人银行家本身而言，伦敦不仅享有国际顶级金融市场的地位，而且拥有顶尖的企业金融中心专业人才，这使伦敦自然而然地成为其迎合"阔绰"客户的不二选择。作为私人银行业务中心，伦敦的发展史在某些方面与瑞士相似。19世纪末，伦敦领先的商业银行已开发出私人客户业务，成为现代关系型银行业务的基础。颁布于1986年的《金融服务业法》等现代立法规定，禁止个人或企业自命为金融顾问，自恃不必受监管要求的约束。因此，英国的私人客户得到了较为妥善的保护，免受不良顾问的侵害。当然，这并不会阻碍"阔绰"的客户与制度更完善的银行建立关系：安全性自然是一个持续的问题。[1]

2. 德国

在很大程度上，德国的私人银行市场属于国内银行市场，私人银行的客户群仅有10%来自国外市场。德国的银行业一直都富有竞争力，银行会直接对产业进行投资，自然促使企业主与银行之间建立起强大的联系。德国三大银行——德意志银行、德国商业银行和德累斯顿银行——均拓展了私人银行业务。[2]

其他行业与银行之间的紧密关系，可以让银行家较快收取佣金，取得利润。因此，德国对资本投资的要求甚至低于欧洲其他国家和地区，而且股本回报率和资产回报率都极具吸引力。同时，这种紧密关系还在私人客户与机构业务之间发挥了巨大的杠杆作用。例如，Trinkhaus & Burkhardt[3] 的三个重点领域，即银行

---

[1] Lyn Bicker, *Private Banking in Europe* (London：Routledge，1996)，p. 68.
[2] Lyn Bicker, *Private Banking in Europe* (London：Routledge，1996)，p. 65.
[3] Trinkhaus & Burkhardt 是一家于1980年被米特兰银行收购的德国私人银行。

对私业务领域、企业融资领域和资本市场与资金领域，其收入各占总收入的30%~40%。适当集中了自身业务的德国银行将继续拓展私人银行业务，这是显而易见的。除本土银行外，还有许多规模较大的外国银行也对此类市场产生了"不良企图"，其中一些甚至还寻觅到了迅速发展的机会。同样，来自私人资产管理者的竞争也越来越激烈，一部分私人资产管理者曾经是银行家。尽管其不得不与银行合作来处理客户的交易，以达到增加银行业务的目的，但是和瑞士的情形一样，这类顾问夹在银行和客户之间，所带给银行的威胁亦可能越来越大。[①]

3. 瑞士

20世纪，瑞士银行在稳定性和保密性等方面赢得了良好的声誉。第二次世界大战后，凭借坚挺的瑞士法郎及对投资者的吸引力，瑞士成了一个主要的资本输出国。截至1991年底，瑞士的银行和金融机构在资产负债表上显示出的总额达11.15亿瑞士法郎，比整个国家国民收入（National income）的4倍还多。1981~1991年，瑞士银行业增长额的年均增长率为4%；相比之下，同期国内生产总值的增长率却仅为1%。截至1992年底，瑞士共有569家银行和金融机构。其中，银行共有460家，320家受瑞士本地人控制的。外国资产约占瑞士银行资产负债表总额的35%，若计入信托基金，该比例将上升至50%以上，高于美国、日本或德国的银行。瑞士银行业显然是该国的主要出口行业。在银行赚取的瑞士法郎中，约有1/3是通过向

---

① Lyn Bicker, *Private Banking in Europe* (London: Routledge, 1996), p. 66.

外商提供服务或进行海外资本投资得来的。银行的净出口额①略微高于化工行业，也居于旅游业和精密机械行业之上。②

瑞士私人银行并不愿披露其资产的统计数字，但其一贯宣称资产管理业务在 20 世纪 80 年代增长了 10%（以复利计算），而客户资产的年增长率则是 15%。传统意义上的私人银行并不吸纳公众的储蓄存款，也不必发布资产负债表。有意思的是，这反过来却阻碍了瑞士银行在瑞士公开推广其服务的脚步——其营销策略更注重的是产品，而不是实际的银行本身。无论如何，资产管理和信托业务都不会纳入资产负债表，私人银行所拥有的资产仅有 59 亿瑞士法郎，在银行业总资产中所占的比例似乎也只有区区的 0.5%（1992 年数据）。然而，据估计，私人银行所管理的资金却占瑞士银行管理总资金的 7%。③

在社会和政治环境得到改善之后，其他金融中心也更具竞争力，故而欧洲市场亦不断推进自己一体化的进程。随着金融中心普遍实现全球化和国际化，瑞士银行业所受到的来自海外的影响越来越大，来自国际的竞争也越来越激烈。在瑞士经营的外资银行将此定位为一种主要的资产，也将私人银行视作在全球范围内供应的一种产品。④ 然而，在过去 20 年内，传统意义上的私人银行不断减少。1976 年，瑞士共有 28 家此类银行，但到了 1993 年底，就仅剩下 18 家。事实上，瑞士的私人银行在长期保持合作

---

① 净出口额等于输出总额扣除再输出金额后剩余的输出净额。
② Lyn Bicker, *Private Banking in Europe*（London：Routledge，1996），pp. 39-41.
③ Lyn Bicker, *Private Banking in Europe*（London：Routledge，1996），p. 41.
④ Lyn Bicker, *Private Banking in Europe*（London：Routledge，1996），p. 42.

关系方面存在一个关键问题：缺少享有重要地位且资产殷实的新合伙人，同时成本基数还在不断攀升。对此，不同的策略应运而生：许多私人银行由规模更大的银行接管；也有一些私人银行则作为附属公司，继续自己独立运作。[①]

三 银行业与保险业

1. 银保并购概况

如表 3-3 所示，大多数企业的并购活动都涉及银行，保险公司位居第二，金融集团仅参与为数不多的业务。

表 3-3 根据并购方以及目标公司进行的企业并购业务

单位：件，%

并购方	目标公司			总计
	银行	保险公司	金融集团	
银行	901	70	1	972
比例	92.7	7.2	0.1	100.0
保险公司	36	366	—	402
比例	9.0	91.0	—	100.0
金融集团	106	43	3	152
比例	69.7	28.3	2.0	100.0
总计	1043	479	4	1526
比例	68.3	31.4	0.3	100.0

资料来源：Roberto Bottiglia et al., *Consolidation in the European Financial Industry* (New York: Springer, 2010), p. 53。

---

① Lyn Bicker, *Private Banking in Europe* (London: Routledge, 1996), p. 44.

然而，银行和保险公司作为并购方和目标公司的频率大致相同，金融集团则甚少成为目标企业。在银行业和保险业中，超过90%的并购都是为了巩固其在本行业的地位。金融集团的并购业务占总并购业务的比例约为10%，其主要面向的是银行（占70%）和保险公司（占28%）；因此，金融集团是唯一的净并购方。[1]

保险公司开始多样化经营不同的业务板块，例如，为寻求所谓的银行保险战略或者全金融战略而进行资产管理业务。[2] 银行保险业务被定义为"既可提供银行产品，也可提供保险业产品和投资产品"的全面一体化金融形态。[3] 保险公司开始与银行合作，在银行柜台销售保险产品，利用银行现有的客户群来降低销售成本。[4] 银行往往掌握详尽的客户财务状况资料，熟知客户在面临何种情况下会加大对保险的需求，如结婚或购房。[5] 银行保险业务则以人寿保险业务为主，有针对性地为私人客户提供标准化的产品。[6]

就荷兰的金融服务行业而言，直到20世纪80年代末，该国

① Roberto Bottiglia et al. , *Consolidation in the European Financial Industry* （New York：Springer，2010），p. 53.

② Göran Bergendahl，"The Profitability of Bancassurance for European Banks," *International Journal of Bank Marketing* 13 （1995）：17-28.

③ J. Garabedian and R. Morette, *Banking on Insurance* （The Boston Consulting Group, 1999）.

④ Göran Bergendahl，"The Profitability of Bancassurance for European Banks," *International Journal of Bank Marketing* 13 （1995）：17-28.

⑤ Thomas Trauth and Mike Barnshaw, "Lebensversicherungswirtschaft: Rollt die Fusionswelle Weiter?" *Swiss Re Sigma* （1999）：1-36.

⑥ Göran Bergendahl，"The Profitability of Bancassurance for European Banks," *International Journal of Bank Marketing* 13 （1995）：17 - 28；Heiner Leisten and Astrid Stange，"Bancassurance-Wege zur Erfolgspartnerschaft," *The Boston Consulting Group*, *München* （2002）；Patricia Klarner, *The Rhythm of Change: A Longitudinal Analysis of the European Insurance Industry* （Germany：Springer Fachmedien Press, 2010）, p. 105.

政府才通过所谓的"界定了银行与保险公司合作界限"的"结构政策"，对银行和保险公司间的合作做出了严格的规定。[①] 由于欧盟和国家层面上的监管政策发生了变化，20世纪90年代初政府即允许银行和保险公司合并在一起。这种监管政策上的改变使金融产品大幅增加。[②] 可见，荷兰政府对金融服务公司开发新产品的数量和类型影响深远。[③]

欧洲福利制度的变革，特别是养老保险制度的变革使荷兰人对个人退休金储蓄的需求大大增加，这就迫使金融公司必须开发新的产品，将储蓄和（人寿）保险结合在一起，即所谓的"组合式产品"。然而，鉴于银行业和保险业普遍都很保守，产品生命周期长，一方面需要确保安全性，另一方面还需要设计出更多元化的产品，所以金融公司把工作重心放在了增量产品的创新上，即在现有产品的基础上不断进行微调。与推出全新的产品相比，这样的策略最大限度地降低了风险。现有的保险公司和银行历来都不愿承担风险[④]，所以制定出这种策略不足为奇。[⑤]

信息系统的不足确实是阻碍当前许多银行和保险公司创新的

① Henk W. Volberda et al., "Following the Herd or Not? Patterns of Renewal in the Netherlands and the UK," *Long Range Planning* 34 (2001): 209-229.
② Henk W. Volberda et al., "Following the Herd or Not? Patterns of Renewal in the Netherlands and the UK," *Long Range Planning* 34 (2001): 209-229.
③ Patrick Vermeulen and Jorg Raab, *Innovations and Institutions: An Institutional Perspective on the Innovative Efforts of Banks and Insurance Companies* (Abingdon: Routledge, 2007), p. 33.
④ Freek Vermeulen and Harry Barkema, "Learning through Acquisitions," *Academy of Management Journal* 44 (2001): 457-476.
⑤ Patrick Vermeulen and Jorg Raab, *Innovations and Institutions: An Institutional Perspective on the Innovative Efforts of Banks and Insurance Companies* (Abingdon: Routledge, 2007), p. 149.

主要因素。尤其是对不同的行政体系进行必要的整合时，问题会更加突出。银行和保险公司开始结合双方的产品，形成组合式产品，故双方还必须整合管理体系。然而，由于银行和保险公司的管理体系分别可以追溯到 20 世纪 70 年代和 80 年代，所以修改起来并不轻松，更不用说双方结合运行。在许多组织中，所谓的"遗留系统"实际上决定了创新的可行性。可作为金融公司的核心，这些系统已经能够支持个性化服务。这就意味着，系统改革的工作重点在于提高局部的效率，而不是增强综合性能。[1]

20 世纪 80 年代以来，欧洲银行业和保险业相互融合渗透，产生了银保合作（bancassurance）。银保合作又称银行保险，是"银行和保险公司通过共同的销售渠道向同一客户群提供银行与保险产品及服务"的一种安排，是金融一体化下混业经营的产物。狭义的"银保合作"，是指保险公司通过银行来销售保险产品、代收代付保险费，也就是说，银行作为保险公司的兼业代理人，实现保险分销；广义的"银保合作"，是指除作为保险公司的中介人代理保险产品外，银行既可以通过设立自己的保险公司直接销售保险产品，也可以与保险公司建立合资公司经营保险产品。其本质是金融制度的创新，是保险公司与银行通过资源整合和渠道重组对客户进行共享，将银行和保险的多种金融服务联系在一起，提供银行和保险产品以及相关服务，以一体化的形式满足客户对多元化金融服务的需求。对于银行和保险公司来说，银保合作是双赢之举：从银行的角

---

[1] Patrick Vermeulen and Jorg Raab, *Innovations and Institutions: An Institutional Perspective on the Innovative Efforts of Banks and Insurance Companies* (Abingdon: Routledge, 2007), p. 124.

度看，既可以为客户提供多元化、全方位的金融服务，提高客户满意度和忠诚度，还可以使自身的收入来源多元化，更重要的是吸收保险公司通过承保积聚的巨额保险资金，参与承保，为混业经营做准备；从保险公司的角度看，其可利用银行已经建立起来的销售网络，降低营销成本，提高销售效率，还可以利用银行良好的信誉和客户关系扩大客户群。

和其他纷繁复杂的金融概念类似，实践界和学术界对"银行保险"赋予了多种不同的定义，从经营形式、业务组织、销售策略等角度对"银行保险"的概念做出了界定。

富通国际集团公司（Ageas）是全球著名的保险公司，拥有超过 180 年的保险从业经验，其业务主要集中于欧洲地区和亚洲地区，而这两个地区的保险业占据了全球保险业的最大份额。富通国际集团公司对"银行保险"做出了如下定义："通过银行营销和分销个人保险，即通过一个完全整合的系统（营销、人力、IT、后台办公等）使银行能定期为客户提供包括相关产品的'无缝菜单'，以满足他们的银行、保险和投资等金融需求。"换言之，"银行保险"就是通过资源统一和渠道协调，将保险产品完全地整合到银行系统当中，而保险人只需要在银行的营业网点提供产品的销售支持和客户服务。按富通国际集团公司的理解，"银保合作"就是银行和保险公司之间的一种深层次的战略联盟伙伴关系，或者是一种利益共享、风险共担的股权合作关系，二者通过一个整合的系统满足顾客全方位的金融需求。①

---

① 程永红：《银行保险的发展及实证研究》，硕士学位论文，四川大学，2002，第 10 页。

德国科隆再保险公司成立于 1852 年，是世界上第一家独立的专业再保险公司。"再保险"主要是指为转移风险，在原有保险合同的基础上，保险人签订分保合同，将其承担的保险业务，部分转移给其他保险人的经营行为。德国科隆再保险公司对"银行保险"做出了如下定义："银行保险，指涉足保险并为小额业务客户提供保险产品的银行业务。"

慕尼黑再保险公司（Munich Re Group）成立于 1880 年，其总部位于德国慕尼黑，在全球共拥有 60 余处再保险公司分支机构，并在全球 150 多个国家开展了人寿和非人寿两类保险业务。在《银行保险的运用》中，慕尼黑再保险公司对"银行保险"做出了如下定义："经由共通的销售渠道，提供保险与金融商品及服务给共同的客户群。"

法国国家人寿保险公司（Caisse Nationale de Prévoyance, CNP）成立于 1850 年，拥有 160 余年的保险从业经验，是法国最大的人寿保险公司。其对"银行保险"做出了如下定义："银行保险是保险产品一种新的分销方式，从狭义上讲，是指通过银行或邮局的网络销售保险产品；从广义上讲，是指利用银行的客户信息资料发展直接销售。"

瑞士瑞信银行（Credit Suisse）是瑞士第二大银行，仅次于瑞士联合银行（UBS AG）。其前身是成立于 1856 年的瑞士信贷集团，主要业务从基础设施建设投资逐渐转型为投资银行业务和金融服务业务。其对"银行保险"做出了如下定义："尽管在过去看来，银行和保险这两类金融业务性质相差很大，但银行保险是将二者结合在一起，将所创设的不同银行、保险产品一揽子提供给客户，而所有产品都是针对客户的需求以及对未来金融服务业务变化的分析而设计的，以便迎接未来的挑战。"

美国金融机构则对"银行保险"做出了如下定义："银行或其人寿保险附属机构向银行自己的客户或非银行顾客出售人寿保险或养老保险产品。"

实践界多从自身发展的角度出发，对"银行保险"的概念进行了以上定义，其与学术界的定义或多或少存在不同。

1987 年出版的《新帕尔格雷夫经济学大辞典》（*The New Palgrave：A Dictionary of Economics*）收录了众多词条，涉及经济学各领域的重要问题和最新发展，但并没有给出"银行保险"的专门定义，只是用"一站式金融商店"（One-stop financial shop）来指代当时在西班牙和法国盛行的银行保险合作服务。

国际寿险行销研究协会（The Life Insurance Marketing and Research Association's，LIMRA）1916 年成立于美国，已从研究寿险营销问题的专业型协会逐渐发展为负责金融行业调研、顾问、培训的机构。在其编纂的保险字典里，国际寿险行销研究协会对"银行保险"做出了如下定义："由银行或基金组织提供的人寿保险业务。"

在《国际风险与保险：环境—管理分析》一书中，小哈罗德·斯凯博等对"银行保险"做出了如下定义："银行和保险人之间为通过银行推销保险而做出的一种安排，如购并、合资、市场联盟，其中保险人主要负责开发（生产）保险产品，银行则致力于销售。"[1]

---

① 〔美〕小哈罗德·斯凯博等：《国际风险与保险：环境—管理分析》，荆涛、高蒙、季燕梅等译，机械工业出版社，1999。

多利萨·K. 弗勒 (Dorlisa K. Flur) 认为"银行保险"仅仅是"通过银行销售保险产品"(Bancassurance: a French term for the selling of insurance by banks)[①]。他并不认为银行保险中存在任何的创新和改良，只是为保险产品的销售增添了新的渠道。

乔治·斯通 (George Stong) 则认为"银行保险"应该有狭义和广义之分：从狭义的角度看，银行保险是指"通过银行这一销售渠道，人寿保险公司以达到销售人寿、年金以及投资类产品的目的"；从广义的角度看，银行保险则包括了其他不同的形式。[②] 显然，在斯通的定义中，银行保险多了对产品和渠道创新的含义。

作为银保合作的发源地，欧洲地区一直是全球银保合作数量最多的地区。在欧洲地区 50 多家顶尖的商业银行中，可以从事保险业务的商业银行所占比例近50%，不仅如此，大多数还拥有专门从事保险业务的附属机构。与银行保险相关业务的迅速发展，促使"银行保险"在欧洲保险市场，乃至国际保险市场中的地位越来越重要。可以说，法国是世界上最早开始发展银保合作业务的国家，因此，这里的银保合作业务也最为发达。法国地区有65%左右的个人寿险业务来源于银行保险。创建于 1872 年的巴黎巴银行 (Banque Paribas) 是法国最大的存款银行之一。其初期为私营银行，1982 年被国有化。巴黎巴银行的一级资本为93.16 亿美元，在本国名列第 4 位，世界名列第 25 位。其子公司佳迪福银行保险集团 (CARDIF) 创始于 1973 年，是当时法国第

---

① 胡喆：《我国银行保险发展模式研究》，硕士学位论文，浙江大学，2002，第 11 页。
② 辛立秋：《中国银保合作研究》，博士学位论文，东北农业大学，2004，第 10~11 页。

一家专门从事银行保险业务的保险公司，也是现今国际闻名的银行保险业务专营公司。至今，佳迪福银行保险集团已与包括全球七大国际金融银行集团在内的150余个金融机构建立了长期合作关系。事实上，在巴黎巴银行正式运营之前，在欧洲地区已经有了银行与保险公司合作的案例，例如，从19世纪开始，比利时储蓄银行（CGER）、西班牙的巴塞罗那储蓄银行（Caixa of Barcelona）以及法国国家人寿保险公司等已经全面提供银行保险服务了。[①] 但当时欧洲地区并没有出现专营银行保险业务的保险公司。由此可见，银行保险最初只是银行经营形式的创新。而随着银行保险在欧洲产生，欧洲各国通过银行销售保险的保费收入在保险费用总收入中的比重逐年增加，银行保险已经成为保险销售的主要渠道。[②]

各个国家的经济环境不同，法律的完善程度不同，金融、税收的运转方式亦不尽相同，所以，不可能有一种相同的方式适合于不同国家的所有公司。因此，银行与保险公司之间的合作，不仅要考虑"银行"与"保险"这两种不同的公司文化，也应该考虑每个公司所面临的千差万别的具体情况。从西方国家银行和保险合作历史的角度看，按照金融一体化程度的高低，"银行保险"的实现方式可以分为"建立新公司模式"、"兼并或收购模式"、"银行与保险公司成立合资企业模式"和"协议合作模式"四种模式。反观最早提供银行保险业务的各个公司，其实现方式也存

---

① J. R. Daniel, *Les Enjeux de la Bancassttrance Second Edition*（Paris：Editions de Vemeuil，1995）.

② 辛立秋：《中国银保合作研究》，博士学位论文，东北农业大学，2004，第3~4页。

在很大差异，而这些不同的实现方式也正是与各国金融业的特点密切相关的。

"建立新公司模式"是金融一体化程度最高的"银行保险"实现方式，其具体是指银行（保险公司）通过单独设立一家保险公司或保险部门（银行或银行部门），从而进入保险（银行）领域。法国一直是银行保险发展领先的国家，所以法国地区的银行多采用"建立新公司模式"与保险公司进行合作。早在1973年，法国已有两家保险公司对保险的营销方式进行了重大改革，开始运用银行，即母公司的网点销售保险产品。1982年，法国国家人寿保险公司和法国储蓄银行联手开展保险业务，由法国国家人寿保险公司设计和开发保险产品，法国储蓄银行则利用其遍布全法国的分理处分销保险产品。

"兼并或收购模式"的金融一体化程度紧随"建立新公司模式"之后，其具体是指银行（保险公司）通过收购现有的保险公司（银行）或者与保险公司（银行）进行合并，从而进入保险（银行）领域。现实中，银行对保险公司的收购或合并，占据了这种模式的大多数。显而易见的是，这种方式在人力和财力上都需要较大的前期投入；而在收购或合并之后，"银行"和"保险"两种企业文化的融合也需要较长的时间。但是，采取收购和合并的方式发展潜力巨大，能够促使双方各自的企业优势得到充分的发挥。英国国民西敏寺银行集团（Nat West Group）的历史可以追溯到17世纪，现今的银行集团于1970年正式营业。到目前为止，国民西敏寺银行集团已经发展为全球规模最大、资本质量最佳的银行集团之一。1999年10月，国民西敏寺银行集团成功收购了英国法通保险公司（Legal & General），全方位介入保险业，成为"兼并或收购模式"的成功案例之一。荷兰也主要采取"并购"的方式介入保险领域。

在"银行与保险公司成立合资企业模式"下，银行与保险公司之间签订合作协议，共同出资成立一家独立的保险公司。在这种模式下，"银行"与"保险"这两种企业互相参股，从仅仅是业务合作逐步发展到资本的相互渗透，拔高了二者之间的合作程度。可见，这种模式的核心就在于通过股权渗透的方式，银行和保险公司形成了共同承担风险、共同分享利润的共同体。

"协议合作模式"是金融一体化程度最低的"银行保险"实现方式，其具体是指银行和保险公司通过签订协议或其他非正式的合作意向建立合作关系。合作的范围包括代收保费、代付保险金、代销保险产品、融资业务等，这是银保合作的起步阶段采用最多的合作方式，其金融一体化程度处于最低层次。

如表3-4所示，法国银行保险的发展，使其他国家纷纷仿效。除西班牙、比利时、意大利以外，甚至连葡萄牙、瑞典等国的银行保险业务也逐渐变得发达，银行的保费收入占保险费用总收入的比例也逐渐提高。表3-5则展示了西欧各国银行保险所采取的各种方式，意大利、西班牙、英国的银行均通过"建立新公司模式"等与保险公司进行过合作，而德国还局限于协议合作的阶段。① 现在，"银行保险"已成为欧洲保险市场中，一种基本

---

① 辛立秋：《中国银保合作研究》，博士学位论文，东北农业大学，2004，第16~18页。

的、重要的保险分销方式；而通过银行保险获得的保费收入，在整个欧洲地区的寿险市场中均占有重要地位。

表 3-4　不同国家银行的保费收入占保险费用总收入的比例

单位：%

国家	1989 年	1994 年	2000 年
法国	52	55	60
荷兰	17	22	39
西班牙	—	21	40
比利时	—	20	40
英国	10	16	28
意大利	—	12	30
德国	—	8	14

资料来源：Best's Review of Property/Casualty Insurance, http://www. ambest. com/sales/bestsreview/。

表 3-5　截至 1995 年西欧各国银行保险所采用的各种方式比较

单位：家

国家	建立新公司	成立合资企业	兼并成收购	协议合作	总计
法国	6	3	3	—	12
德国	2	—	3	3	8
意大利	2	3	1	1	7
荷兰	1	—	3	—	4
西班牙	3	3	—	—	6
英国	5	6	6	—	17

资料来源：栾培强《西方银行保险的发展及其动因分析》，《国际金融研究》2000年第 8 期。

值得注意的是，欧洲各国的银行保险水平并不一致。如表 3-6
和表 3-7 所示，1976 年，法国银行存款占金融资产的比例为 45%，
但保费收入占金融资产的比例却只有 3%。到 1991 年，法国银行存
款占金融资产的比例下降至 25%，保费收入占金融资产的比例则上
升至 10%。

表 3-6 银行存款占金融资产的比例

单位：%

年份	加拿大	法国	德国	日本	西班牙	美国
1976	38	45	53	58	—	22
1981	39	42	50	61	52	21
1986	34	30	45	52	49	18
1991	36	25	39	52	42	18

资料来源：栾培强《西方银行保险的发展及其动因分析》，《国际金融研究》2000
年第 8 期。

表 3-7 保费收入占金融资产的比例

单位：%

年份	加拿大	法国	德国	日本	西班牙	美国
1976	20	3	19	13	—	17
1981	22	3	22	14	2	17
1986	26	5	24	16	3	24
1991	29	10	26	21	8	28

资料来源：栾培强《西方银行保险的发展及其动因分析》，《国际金融研究》2000
年第 8 期。

除银行存款和保费收入占金融资产的比例参差不齐外，各国银
行净利息收入占银行总资产的比例也能在一定程度上说明各国银行
业及银行保险业的不同水平。如表 3-8 所示，1988 年，比利时银行

净利息收入占银行总资产的比例为 1.60%，比西班牙少近 2.5 个百分点；到 1993 年，比利时和西班牙银行净利息收入占银行总资产的比例均有所降低，但二者的差距依然维持在近 2 个百分点。

表 3-8　银行净利息收入占银行总资产比例

单位：%

国家	1988 年	1989 年	1990 年	1991 年	1992 年	1993 年
比利时	1.60	1.57	1.49	1.48	1.51	1.30
法国	2.12	1.77	1.68	1.51	1.25	0.93
德国	2.19	2.04	2.04	2.16	2.21	2.18
意大利	3.27	3.54	3.62	3.59	3.55	3.17
卢森堡	0.95	0.87	0.77	0.83	0.84	0.77
荷兰	2.30	2.08	1.82	1.78	1.83	1.82
西班牙	4.06	4.04	3.92	3.96	3.39	3.16
英国	3.25	3.14	2.95	2.97	2.62	2.45

资料来源：栾培强《西方银行保险的发展及其动因分析》，《国际金融研究》2000 年第 8 期。

　　整体来说，欧洲各国实现的保费收入占当地寿险市场业务总收入的比例为 50% ~ 60%；在另外一些国家，如比利时、英国、德国、意大利、荷兰等国，这一比例为 15% ~ 35%。[1]

　　然而，不同国家对银行保险的所有权及销售做出了不同限制性的规定。如表 3-9 所示，法国只允许银行销售保险产品；德国完全禁止保险公司销售银行产品；而在芬兰，银行拥有保险公司产权或保险公司拥有银行产权，均受到了限制。

---

[1]　辛立秋：《中国银保合作研究》，博士学位论文，东北农业大学，2004，第 19 ~ 42 页。

表 3-9 欧洲主要国家关于银行保险所有权及销售方面的限制

国家	银行成立保险公司	保险公司成立银行	银行拥有保险公司产权	保险公司拥有银行产权	银行销售保险产品	保险公司销售银行产品
法国	L	L	L	L	A	L
德国	A	A	A	L	A	F
意大利	A	A	A	A	A	F
荷兰	L	L	L	L	A	F
英国	A	A	A	A	L	F
西班牙	A	A	A	A	A	L
芬兰	F	F	L	L	L	F
瑞士	A	L	A	L	A	A

注：A—允许；L—限制；F—禁止

资料来源：法国国家人寿保险公司，http：//www.cnp.fr/en/Investor－Analyst/Press-releases。

2. 法国银行保险

第二次世界大战之后，欧洲地区的经济环境遭到严重的破坏，整个经济体系甚至濒临崩溃。而美国凭借自身的雄厚实力，提出了"马歇尔计划"（The Marshall Plan），对欧洲地区各国进行经济援助、协助重建，同时对共产主义在欧洲地区的渗透和扩张进行抗衡。在计划临近结束时，西欧多数国家的国民经济都恢复到了战前水平，并在接下来的数年内，进入前所未有的高速发展阶段，实体经济和虚拟经济都呈现一派繁荣的景象。

在这个高速发展阶段，法国的金融体系得到了极大的完善。伴随着从由国有化银行体制到私有化银行体制，再由私有化银行体制进一步发展到金融自由化的高峰，法国银行业的版图不断向保险、证券的领域扩大，逐渐实现"全能型银行"的发展模式。如前所述，在银行的全面发展过程中，"银行保险"逐渐兴起。可以说，法国是世界上最早开始发展银保合作业务的国家，因此，这里的银保合作业务得到了充分的进步与发展。

法国里昂信贷银行（Crédit Lyonnais）成立于1863年，1946年收归国有，是法国最大的商业银行。1993年，法国里昂信贷银行的总资产达3388.48亿美元，居世界第9位，一度成为欧洲最大的银行。其经营业务范围广泛，自20世纪70年代开始，涉足银行保险领域。首先，里昂信贷银行收购了法国的一家保险公司（La Medicale de France），成为法国银行业开始涉足保险业务的标志。之后，法国博内尔银行（Compagnic Bonaire）成立了独立的保险公司，并与之建立了明确的全面合作伙伴关系，进一步推动了银行业向保险业"进军"的发展趋势。当然，这也是法国金融领域第一次正式提出银行保险交叉销售的理念，并取得了极好的成效。20世纪70～80年代，法国各大银行已经将银行保险的交叉销售作为一项经常性的经营业务，例如，巴黎巴银行的子公司佳迪福银行保险集团即是当时一家专门从事银行保险业务的保险公司；1980年，国家巴黎银行（Banque Nationale de Paris）成立的国家竞争保险公司（Natio Vie）在各个分支机构新设立了"保险专家"这一岗位,专门从事银行保险产品的经营和销售业务;艾格瑞科信贷银行(Credit Agricore)是法国最大的农业信贷银行,1986年,艾格瑞科信贷银行成立了佩迪卡保险公司(Predica Inc),4年之后,佩迪卡保险公司跃升为法国第二大寿险公司。

由于银行在保险业务领域的拓展,"全能型银行"应运而生。银行保险业务的进一步发展,促使法国银行寿险领域在短时间内获得巨大的市场份额。法国堪称保险意识最强的国家,其保险业最大的特点是国家强制保险比例较高,这也导致了法国的保险业一度缺乏竞争。20世纪80年代,在保险产品的销售上,保险代理人仍是完全垄断的,保险产品的分散性和保险服务水平的低下,使整个行业竞争性不足。当然,这种环境也为银行进入保险业提供了极大的便利。故从20世纪80年代起,银行保险开始进入寿险领域。自此以后,银行保险所占寿险的市场份额迅速增长,几乎所有的银行旗下都有相应的寿险公司,并逐渐向非寿险领域进军。21世纪初,法国保险市场在世界排名为第5名;2002年,法国保险业务的寿险收入占保险费用总收入的比例为80%,其中,寿险业务的年增长率达8%,而相关资料显示,该项保险业务有超过半数均是通过银行渠道实现的;2006年,通过银行渠道实现的保险业务比例为64%。[1] 在银行保险的发展过程中,往往是以银行的控制和管理为主。无论是银行和保险公司协议合作,还是共同出资成立新的公司,

---

① 中经未来产业研究中心:《境外银保合作发展及启示》,www.ccfuture.cn,2015。

都是由银行具体操控与管理。在法国地区，几乎所有从事"银行保险"业务的大型银行，都设立有寿险子公司。这种股权关系有助于银行与保险公司之间建立紧密的战略联盟。[①] 从本质上看，银行的客户群体往往大于保险公司客户群体，银行的客户群体形成了巨大的分销网络，再加上先进的电子技术为银行的业务推进做保障，所以"银行保险"具有节约成本的"天然优势"，降低了公司的营运成本。银行保险产品的设计、开发与银行的客户群体紧密联系起来，在销售机制与业务实现有效衔接的基础上，提高了保险产品的发展效率，进一步节约了顾客的成本，也为银行保险业务本身带来了良好的经济效益。同时，采用"建立新公司模式"或是"兼并或收购模式"，银行与保险公司则形成两个独立法人，银行通过子公司直接进行保险业务的经营，资源相互利用，业务相互沟通与渗透，大大降低了经营的风险，为有效监管创造了有利条件。正是这种战略上的成功，保证了银行保险产品得以健康、稳步发展，也促进了法国银行保险业的巨大成功。

对于银行本身来说，银行类产品多为单纯的储蓄品种，经营模式往往相对单一，从而导致同一银行在开发银行类产品时的投入不足，不同银行的各类储蓄产品也大同小异。相较于银行类产品，银行保险类产品需要银行和保险公司无缝衔接，协同开发设计，同时结合银行类产品与保险类产品的特点，设计简单，保单标准化，并且兼顾银行与保险公司信息共享。例如，

---

① 中经未来产业研究中心：《境外银保合作发展及启示》，www.ccfuture.cn，2015。

住房贷款人寿保险将银行类产品与保险类产品有效地统一起来，既扩大了银行类产品的业务范围，又促进了保险类产品的进一步发展，赢得了二者的共同进步。除护理保险、意外险等银行保险产品外，法国的银行还陆续推出了车险、住宅险等财产保险产品，逐渐代替保险公司，参与到产品的销售和经营当中，均获得了良好的市场效益和正面的客户反馈。然而，法国银行保险在非寿险领域的发展依然比不上其在寿险领域的发展效益；银行保险的寿险产品通常在银行柜台进行交易与销售，包括储蓄产品与标准化的保险产品，其中前者所占比例高达 84%。[①]从表 3-10 可以看出，不同类型寿险公司的成本和利润差别很大。

表 3-10　法国不同类型的寿险公司费用率和利润率

单位：%

	公司类型	1992 年	1993 年	1994 年
费用率	私人公司	15.8	14.2	12.6
	相互公司	12.9	11.9	9.7
	外国公司	20.5	19.6	18.1
	银行控股公司	4.3	4.6	4.5
利润率	私人公司	-2.2	-2.0	-1.9
	相互公司	-1.6	-2.6	-1.3
	外国公司	-0.2	-0.7	-2.0
	银行控股公司	2.1	1.3	2.5

注：费用率=（佣金+费用）/毛保费收入；利润率=营业利润/毛保费收入。

资料来源：郑伟、孙祁祥《银保融通产生的背景、发展趋势及对中国的启示》，《财贸经济》2001 年第 5 期。

---

① 中经未来产业研究中心：《境外银保合作发展及启示》，www.ccfuture.cn，2015。

然而，如表 3-11 所示，从成本的角度看，由银行销售保险的成本明显低于传统的保险销售，前者基本上能够将其占总保费的比例控制在 10%以内，而后者的相应比例却普遍高于 10%，有的甚至超过 20%，显然，前者带来的利润率更高，[①] 在寿险市场采取银行保险形式的公司要比传统的保险公司占据优势。由此可见，引入银行保险业务模式，使经营多样化，减少了银行对传统业务的依赖，增加了更稳当的额外收入。总而言之，银行保险为银行带来的收益非常可观，其带来的利润占银行全部纯利润的比例仍在不断扩大，甚至成为银行维持经营的重要保证。

表 3-11 法国寿险公司佣金和成本占总保费的比例

单位：%

公司类型	公司名称	佣金和成本占总保费的比例
银行保险机构	Ecureuil Vie	3.1
	Sogecap	4.0
	Natio Vie	4.7
	Predica	5.0
	SOCAPI	5.5
	ACM Vie	5.7
	CNP	10.5
传统保险公司	Mutuelle du Vie	13.8
	Axa Assurances Vie	16.9
	UAP Vie	17.6
	AGF Vie	18.0
	GAN Vie	22.0

资料来源：Nedege Genetay and Philip Molyneux, *Bancassruance* (New York: Springer, 2016).

---

① 辛立秋:《中国银保合作研究》，博士学位论文，东北农业大学，2004，第 34~36 页。

法国的银行保险由金融法律法规咨询委员会（Comité Consultatif de la Législation et de la Réglementation Financières, CCLRF）进行监管，该委员会也被称为银行和保险的共同委员会。[①] 从外部条件看，法国政府对银行保险的发展亦给予了大力支持。一直以来，法国政府都奉行较为宽松的一体化监管制度，对银行和保险的监管都相对自由，而在提供福利方面弱化了自身的角色，为银行保险的迅速、健康发展提供了有力的外部保障。银行保险业务属于银行业务和保险业务的交叉点，银行业务和保险业务分别具有各自行业相应的法律法规及制度规范，对于银行保险业务来说，二者也有相互融通的地方。例如，1984 年，法国颁布实施了《银行法》，该法律并没有将银行的业务范围严格规定在传统的业务范围内，也就是说，银行可以涉足传统业务之外的领域，包括保险业务。但是，法国其他相关法律规定，银行需要得到相关机构的批准后，才能开展银行业务以外的业务。在一定程度上，这样的规定使得法国商业银行从事银行保险业务时，更愿意采用"建立新公司模式"或是"兼并或收购模式"，成立保险子公司，从而进行一体化管理与经营。1976 年，法国政府颁布实施了《保险法典》；2004 年，相关部门对该法典进行了修订与补充。新修订的《保险法典》明确规定，政府监管的重点在于保险公司的偿付能力，银行保险的偿付能力也属于相关范畴。然而，没有限制性条令对银行保险及银行业务交叉销售做出限制。除监管的宽松外，法国政

[①] 中经未来产业研究中心：《境外银保合作发展及启示》，www.ccfuture.cn，2015。

府还直接参与到银行保险的发展当中。尽管经过了私有化过程，法国政府仍占有银行和保险公司的大份额股份，银行和保险公司的联合也都是大规模的，若缺乏政府的默许和支持，可能并不会成功。例如，UAP-BNP 和 GAN-CIC，1985 年，政府直接请求 GAN 挽救 CIC 银行，最后形成了 GAN-CIC。[①] 而政府本身也直接引导了几家银行和保险公司的联合，极大地促成了银行保险的成功。

3. 德国银行保险

相对于其他国家而言，德国一直实行金融混业经营，全能型银行在德国的金融业务乃至国民经济中，均占据非常重要的地位。全能型银行涉足的领域广泛，开发的金融产品品种多样，不会受金融业务分工的制约，而银行保险也正是在这样的背景下形成和发展起来的。

一直以来，德国的主要保险产品是由银行、经纪人、保险公司以及专业代理人进行营销。其中，专业代理人在保险销售中起着至关重要的作用。时至今日，尽管人们正在逐渐接受由银行进行保险产品销售的经营模式，但专业代理人仍然被"性格稳重保守"的德国人所偏爱和信赖。[②] 银行保险虽得以建立与发展，但市场占比仅为 8%，德国的消费者仍然习惯从银行处购买银行产品，从代理人处购买保险产品。[③] 由于传统的专业代理人在保险市场中占据相当稳固的地位，德国银行保险的市场份额在其金融

---

① 辛立秋：《中国银保合作研究》，博士学位论文，东北农业大学，2004，第 53 页。
② 中经未来产业研究中心：《境外银保合作发展及启示》，www.ccfuture.cn，2015。
③ 辛立秋：《中国银保合作研究》，博士学位论文，东北农业大学，2004，第 43~53 页。

市场中所占据的比例较小，银行在涉足保险领域时，更多采用的模式是"协议合作模式"，形成销售联盟，交叉持股，协议销售。

当然，"全能型银行"仍占据强势的地位，银行本身就具有较高的风险管控能力，足以应对多元化金融产品的开发与销售。作为独立法人，银行可以在其内部设立证券部门、保险部门，以提供非银行类的金融产品，避免银行类产品的单一化，有效地实现经营成本的分摊，使系统性风险发生的概率大大降低，从而保证银行保险服务的可靠性和稳定性。然而，虽然各分项业务均能有效地进行信息交流，但同时经营银行业务、证券业务以及保险业务，也可能会传递金融风险。所以，德国政府也在不断加强监管体系的建设健全，提高其监管效率，在推向市场前，所有保险产品都必须得到批准。在金融监管体制改革后，德国对原有的保险监督局、银行监督局以及证券监督局进行了合并，并于 2002 年成立了联邦金融监管局，以实施集中的"全能银行监管"。①

4. 英国银行保险

欧洲大陆国家银行保险的发展路径大多与德国类似。之所以如此，是因为在最初涉足保险业时，银行多看重短期获利，而非做出了"进入保险领域"的长远战略考虑。无论是公司文化、人员素质，还是经验策略、销售方式，银行与保险公司都存在较大差异，故英国多采用"兼并或收购模式"，以提供保险产品，发展银行保险业务。

---

① 中经未来产业研究中心：《境外银保合作发展及启示》，www.ccfuture.cn，2015。

较世界其他国家来说，英国的金融业更加成熟，行业自律性较强。从法律的角度看，英国并没有对各金融机构的经营范围进行明确的分工限制。但在20世纪60年代以前，银行与其他金融机构自发地形成了业务上的明确分工；尽管彼此之间存在业务联系，但基本上是按传统划分的范围来开展金融业务的。20世纪60年代以后，出现了不少银行并购其他金融机构的案例，银行也开始提供多元化的金融服务，但依然主要经营银行业务，非银行金融业务则通过其子公司进行，在一定程度上维持了各业务的专业性。①

众所周知，英国是保险的发源地，保险业非常发达，而经纪人在保险发展的过去及现在都扮演相当重要的角色。即使被兼并或收购进入"银行"，保险部门仍起着强有力的作用。因此，英国银行保险的发展可以明显地划分为三个阶段。

第一阶段，以"银行保险的短期化经营"为特点。这一阶段是银行引入保险产品的初期，银行保险的市场占比急剧上升，达到峰顶后又迅速回落。回落的主要原因就在于缺乏长期经营目标，专业技能及中长期产品的开发明显落后。

第二阶段，以"银行出资收购寿险公司"为特点，从而获得品牌效应以及开发新险种的专业设计人员。

第三阶段，以"保险公司纷纷设立银行"为特点。最为成功的例子是英国标准人寿保险公司（Standard Life）。该公司成立于1825年，是欧洲最大的相互型保险公司。1998年，标准人寿保险

---

① 辛立秋：《中国银保合作研究》，博士学位论文，东北农业大学，2004，第52~53页。

公司开设了第一家银行，即标准人寿银行（Standard Life Bank），其不设分支机构，业务通常是通过电话中心（Call Center）完成。

事实上，进入21世纪，英国的银行保险仍不够普及，究其原因，除"保险业过于发达""经纪人充当了相当重要的角色"等因素外，还有以下几点：①英国寿险与年金市场过于复杂；②设计复杂的保障性寿险产品并不宜直接进行柜台销售；③英国对营销渠道和提供金融咨询的限制严格；④赋税不利于英国银行保险的发展。[1]

总体来说，欧洲地区是银行保险发展得最好、最快的市场。从20世纪80年代开始，欧洲的银行保险即获得了巨大发展。在至少5个国家内，银行保险所占市场份额都超过了50%；其占欧洲寿险市场的比例则超过20%。除法国、德国、英国外，1994~1998年，银行保险在欧洲其他国家的增长也都很迅速。1994年，法国银行保险占寿险市场的比例为53%，到1998年，该比例达70%；意大利银行保险占寿险市场的比例增长幅度最大，从1994年的16%到1998年的50%，增长了2倍有余；西班牙的银行保险也增长较快，1994年其占寿险市场的比例为仅25%，到1998年，该比例达60%，增长了1.4倍。

在1990年之前，意大利银行与保险公司之间的接触与交流已相当普遍，法制的宽松大力促进了银行保险的发展，尤其是寿险与年金业务。从1990年开始，意大利的银行有权设立保险公司。2000年，意大利保险市场上，银行保险所占的份额约为25%，而

---

[1] 辛立秋：《中国银保合作研究》，博士学位论文，东北农业大学，2004，第42~43页。

主要角色仍是由代理人扮演的。

最初，西班牙的保险销售并没有利用银行网络进行代理。世界银行保险的先驱者富通集团介入西班牙银行保险市场后，于1993年与巴塞罗那储蓄银行以50∶50的方式进行股份合资，巴塞罗那储蓄银行向其客户销售、提供本地管理。合资后，西班牙的银行保险业务增长迅速，在5年之内，业务平均年增长率超过20%。

事实上，欧洲地区大部分国家并不禁止银行对保险业的投资，也允许银行销售保险产品。虽然不允许银行承保，但银行可以直接投资于保险公司，从而进入保险业。这也正是欧洲地区的银行保险比其他地区开始得更早、规模更大的主要原因。而且，欧盟的成立促使欧洲地区各国的法规趋同，欧元的出现也推进了欧洲内部金融自由化的进程，跨国银行保险活动日益频繁，银行保险规模不断扩大。[1]

---

① 辛立秋:《中国银保合作研究》，博士学位论文，东北农业大学，2004，第42~45页。

第四章

欧洲金融一体化

一 欧洲中央银行：银行之银行

欧洲联盟，简称欧盟（EU），总部设在比利时首都布鲁塞尔（Brussel），由欧洲共同体（European Communities）发展而来，是一个集政治实体和经济实体于一身、在世界上具有重要影响的区域一体化组织。其创始成员国有 6 个，分别为德国、法国、意大利、荷兰、比利时和卢森堡。欧盟现拥有 28 个成员国，正式官方语言有 24 种。欧盟的诞生使欧洲的商品、劳务、人员、资本自由流通，使欧洲的经济增长速度快速提高。1995~2000 年经济增速达 3%，人均国内生产总值由 1997 年的 1.9 万美元上升到 1999 年的 2.06 万美元。欧盟的经济总量从 1993 年的约 6.7 万亿美元增长到 2002 年的近 10 万亿美元。欧盟是世界上经济最发达的地区之一，是世界上最大的贸易集团，经济一体化的逐步深化又促进了该地区经济的进一步繁荣。欧盟也是全球最不发达国家的最大出口市场和最大援助者，多边贸易体系的倡导者和主要领导力量。

欧洲中央银行（ECB）不仅仅是一个金融主管部门，本身还是一家银行，是其他银行的银行。它通过进行市场运作实施货币政策，并与交易对手一起通过媒介国家中央银行向银行系统提供流动资金。欧元区银行无论隶属于哪个国家都有可能成为欧元体系的交易对手。欧元推出之后，设计这些约定的过程在一夜之间便有了成效，几乎瞬间造就了一个平稳运转的货币市场，但它主要还是靠妥协来实现的，这就意味着为了让所有种类的票据都成为已存在的中央银行能接受的合格票据，中央银行已经制定出了可接受的抵押品标准。仍负责执行这些业务的所有国家中央银行都急于主张适合其"自有"银行的支持性约定，因此他们无法达成一套有着更多限制条款的协议。与美联储或英格兰银行所能接受的抵押品比起来，国家中央银行接受作为抵押品的资产种类更加多样化，并且风险也会更大，至少在金融危机到来之前是这样的。这就导致该系统内外的人员时不时地针对欧洲中央银行缺乏纪律性问题提出各种建议。

许多国家的中央银行都担当监督重任，但依据《马斯特里赫特条约》的规定，欧洲中央银行是没有这项职责的，这一事实同样要求要明确职责。欧元体系内部已经对此有所考虑了，但不同的国家因背景不同，故而所持有的观点亦有所不同。对于那些认为监督是中央银行主要职责的人来说，即使欧洲中央银行本身并没有接管泛欧银行作为监督者的职能，也似乎自然应当发挥某种监督作用。然而，没有哪个政府会将其银行的监督权交给一个超国家层面的中央银行，更不用说还是一个独立性非常高且实行有限责任制度的银行了。故而，国家对于监督职权的安排保持不变，且极具多样性。正如我们所看到的，欧洲中央银行全面承担银行业监管职责，如意大利、西班牙和荷兰等国便是如此；在另一些国家，欧洲中央银行继续执行监督活动，但在一体化的机构中，决定性的管辖权在某些情况下并不在此，如奥地利和德国；还有一些国家，在中央银行外另设了新机构，专司所有金融监管，但中央银行会通过发挥管理或提供资源这两种作用参与其中，如法国和比利时，再或者中央银行在官方根本就不承担监督这一职能，如卢森堡和芬兰。

欧洲中央银行与各国中央银行之间的关系在结构上并不简单。单一货币逻辑带动了更大程度的一体化，所以这种关系已经朝着更为集权化的方向发展了。这在构建越来越集中的支付制度和现今的结算制度方面是最为有效的一种方式。不过，欧洲中央银行使各国中央银行不再具备核心的货币政策功能，并且很容易就能看出各国中央银行必然会转变成欧洲中央银行的经营性分支机构，所以其存在势必就对各国中央银行构成了威胁。迄今为止，各国中央银行所做的许多业务，要么完全可以在欧洲中央银行完成，要么在极小的范围内才是必要的，所以根本不是必需的。欧元区一下子不再储备外汇，且对汇率也不再进行管理了；在整个欧元区内，国家中央银行省级分行就当地经济状况所做的研究也不再像以前那般有意义了；当地做出的经营决策如今纳入了由其他地区集中做出的决策中。[1]

各国的中央银行都采取了许多不同的防御策略。许多国家的中央银行都大幅削减了自己的分支机构和区域性业务，尤其是经

---

[1] Howard Davies and David Green, *Banking on the Future：The Fall and Rise of Central Banking* (New Jersey：Princeton University Press, 2010), p. 206.

过国际比较，发现在资源方面存在重大差异的国家。比方说要想解释清楚，在像法国或德国这样的国家，不再具有货币政策职能的中央银行所需员工数为什么达到了英格兰银行所需员工人数的6~7倍，甚至允许在非核心职责方面存在差异，已经变得非常困难了。然而，通常情况下也是对国内压力做出的反应，而这些压力就源于人们已经感知到，即使在过去可能是合理的，但中央银行也不再需要在全国各地都设立分支机构（就像意大利那样）来履行自己的基本职责了。[1]

与此同时，各国的中央银行还制定了各种各样的策略来保持其组织的完整性，并维持其规模。这些策略在某些情况下会牵涉赋予国家中央银行新的职能。而在其他情况下，该策略一直在利用已有的专业优势来为整个欧元体系提供服务。在许多情况下，因为国家中央银行的许多功能都已经归入了欧洲中央银行，所以这些策略在利用一切机会大幅削弱国家中央银行的权力和规模过程中不断完善起来。[2]

二　欧洲银行业的统一与割裂

20世纪最后的20年对于欧洲的金融业而言是历史上意义重大的一个时期，欧洲统一市场背景下的一系列举措和构想令各国普遍放松了对金融业，尤其是对银行的监管，政府将工作的重心从严格

---

[1] Howard Davies and David Green, *Banking on the Future: The Fall and Rise of Central Banking* (New Jersey: Princeton University Press, 2010), p. 206.

[2] Howard Davies and David Green, *Banking on the Future: The Fall and Rise of Central Banking* (New Jersey: Princeton University Press, 2010), p. 207.

管制转向了放松监管以鼓励竞争，从而使整个银行系统迎来了大规模的扩张和高速的发展。[1]

表 4-1 给出了在 1980 年和 2000 年比利时、丹麦、芬兰、法国、意大利等 10 个国家银行业总资产在其国民生产总值中的占比以及从业人员规模。通过比较，不能难看出这些国家银行资产所占比重普遍大幅上升，2000 年，丹麦和法国的银行资产占比是其 20 年前的 3 倍以上，增长超过 2 倍；比利时、德国、荷兰、英国的银行资产占比也达到了 1980 年基数的 2 倍以上。银行业从业人员数量也呈现出增加趋势，除了芬兰、意大利、西班牙之外，大部分国家都有更多的劳动力投入银行业的工作岗位之中[2]，法国、意大利、英国均有超过 30 万人就业于银行部门，而德国有超过 70 万个就业岗位来自银行业。考虑到各国人口规模，这个数字不得不说十分惊人。[3]

表 4-1　欧盟各国银行业规模

各国银行业规模	1980 年	2000 年
比利时		
银行业资产总额占 GNP 比例（%）	112	313
银行业员工人数（千人）	66	76

---

[1] Damien Neven, "Structural Adjustment in European Retail Banking, Some View from Industrial Organization," in J. Dermine, ed., *European Banking in the 1990's*, 2nd edition (Basil Blackwell, 1993).

[2] 芬兰银行业员工规模的缩小与其 20 世纪 90 年代所发生的金融危机有关，受危机影响，其银行新增就业与失业情况均发生了变化。

[3] Vitor Gaspar et al., *The Transformation of the European Financial System*（Germany：European Central Bank, 2003）, p. 41.

续表

各国银行业规模	1980 年	2000 年
丹麦		
银行业资产总额占 GNP 比例（%）	56	176
银行业员工人数（千人）	–	–
芬兰		
银行业资产总额占 GNP 比例（%）	60	86
银行业员工人数（千人）	33	24
法国		
银行业资产总额占 GNP 比例（%）	76	265
银行业员工人数（千人）	–	394
意大利		
银行业资产总额占 GNP 比例（%）	116（1985 年）	127
银行业员工人数（千人）	315	311
德国		
银行业资产总额占 GNP 比例（%）	103	235
银行业员工人数（千人）	501	723
荷兰		
银行业资产总额占 GNP 比例（%）	98	216
银行业员工人数（千人）	92	129
西班牙		
银行业资产总额占 GNP 比例（%）	101	151
银行业员工人数（千人）	252	248
瑞典		
银行业资产总额占 GNP 比例（%）	107	184
银行业员工人数（千人）	–	–
英国		
银行业资产总额占 GNP 比例（%）	100	239
银行业员工人数（千人）	–	409

资料来源：Vitor Gaspar et al. , *The Transformation of the European Financial System* (Germany：European Central Bank, 2003)。

另一个引人瞩目的现象是，20世纪末，欧洲银行业的迅猛发展也造就了一批大型银行。以银行账面资产净值占所在国家的国内生产总值的比例为度量指标，如表4-2所示，在1997~2000年这4年当中，欧洲主要银行资产净值普遍出现了显著增长，规模较大的银行集中在瑞士、比利时、荷兰等国。其中，瑞士银行账面净值占瑞士国内生产总值的比例从1997年的8.65%增长至2000年的12.37%；同时段，瑞士信贷银行的占比从5.63%飙升至10.55%；2000年，这两家银行合计占瑞士国内生产总值的近1/4。

表4-2 欧洲主要银行发展情况

国家	银行	账面净值占本国GDP比例（%）		账面净值（百万欧元）
		1997年	2000年	2000年
英国	苏格兰皇家银行	0.51	2.43	37649
英国	汇丰银行	2.00	2.26	35060
瑞士	瑞士银行	8.65	12.37	31364
德国	德意志银行	0.90	1.34	29476
荷兰	荷兰商业银行	5.94	6.65	28980
西班牙	西班牙国家银行	1.75	4.30	28415
瑞士	瑞士信贷银行	5.63	10.55	26752
法国	法国农业信贷银行	1.55	1.86	26646
法国	法国巴黎银行	0.80	1.69	24194
英国	巴克莱银行	1.28	1.52	23519
德国	德国裕宝联合银行	0.42	1.00	21777
荷兰	荷兰银行	3.88	4.09	17809

国家	银行	账面净值占本国GDP比例（%）		账面净值（百万欧元）
		1997年	2000年	2000年
荷兰	荷兰合作银行	2.84	3.73	16258
法国	法国兴业银行	0.89	1.16	16605
德国	德累斯登银行	0.65	0.69	15150
比利时	富通银行	1.33	2.27	15989
比利时	比利时联合银行	1.28	2.85	7668

资料来源：Vitor Gaspar et al. , *The Transformation of the European Financial System* (Frankfurt：European Central Bank, 2003), p. 69。

欧盟的主要目标之一是建立欧洲单一市场，旨在欧盟内实现没有内部边界的一个区域，在这个区域内保证商品、人员、服务和资本的自由流动，这也是1957年欧共体创始国签署《罗马条约》时即提出的构想。而欧洲单一市场的实现，取决于单一银行业市场的建立，要求各国建立统一的监管制度、存款保险制度、破产清算程序，以降低监管成本、促进跨国资本流动、鼓励市场竞争、健全跨国银行破产法规。

欧洲一体化进程并非一蹴而就，尤其在金融领域，各国的国情差异与长期以来形成的经济模式难以在短时间内协调一致，这使得真正意义上的一体化注定是一个复杂而漫长的过程，并且要求一系列系统而完善的政策和制度来支持和维护。各国广泛开展的经济贸易往来必然受到交易成本的影响，而实现统一货币和统一市场的目标也无法回避对交易成本问题的考量。金融领域的很多事项都反映了一价定律的失灵，例如，跨境汇款手续费在各国之间差异巨大，即使是同一国家内的境内汇款，也可能面对不同的收费标准。表4-3反映了1993年和2000年各国汇款手续费的变化情况，跨境汇款100欧元需支付的汇款费用。为了改变这一状况，欧盟委员会于2001年颁布了关于跨境金融活动的新规定，要求欧盟各国银行对境内及境外欧盟内部电子汇款采用统一收费标准。①

表4-3 跨境汇款100欧元需支付的汇款费用

汇出地	汇款人支付的平均费用（欧元）	收款人支付的平均费用（欧元）	总费用	
	2000年	2000年	1993年	2000年
卢森堡	8.15	0.76	15.75	8.91
荷兰	8.68	1.32	18.80	10.00
奥地利	9.56	1.05	–	10.61
比利时	13.37	0.00	23.06	13.37
德国	13.39	0.39	26.16	13.78
法国	15.36	1.52	33.01	16.88
意大利	16.10	2.18	20.88	18.28
芬兰	19.77	0.34	–	20.11
西班牙	15.48	5.02	22.04	20.50
爱尔兰	25.61	0.37	27.13	25.98
葡萄牙	25.13	4.55	26.75	29.68
平均	15.51	1.59	17.10	–

资料来源：欧洲中央银行，http：//www.ecb.europa.eu。

---

① Vitor Gaspar et al. , *The Transformation of the European Financial System* （Germany：European Central Bank，2003），p. 45.

表 4-4 反映了欧洲各国外资银行的市场份额情况，并对 1983
年、1988 年和 1999 年的外资银行市场占有情况进行了比较。可
以看到，小国受到的外资银行冲击比较大，1999 年，在卢森堡和
比利时的银行市场上，外资银行分别占据了 94.6% 和 36.3%。其
他国家的情况较为复杂，外资银行在法国、意大利和德国占有的
市场份额较低，分别为 9.8%、6.8% 和 4.3%。就 1983～1999 年
这一时段来看，各国外资银行的历史发展也有所不同，大部分国
家，如意大利和德国，出现了外资银行占比日益加大的情况，而
荷兰和法国的外资银行则在增加后有收缩之势。由此推断，尽管
欧盟各国间存在大量跨国企业并购，但大部分的兼并和收购主要
以小型银行为标的，因此并未在各国普遍掀起外资银行的发展
热潮。[①]

表 4-4 外资银行市场份额

单位：%

国家	来自欧洲经济区国家		来自第三国		合计		
	分公司	子公司	分公司	子公司	1983 年	1988 年	1999 年
奥地利	0.7	1.6	0.1	1.0	–	–	3.3
比利时	9.0	19.2	6.9	1.2	33.9	35.2	36.3
芬兰	7.1	0.0	0.0	0.0	–	–	7.1
法国	2.5	–	2.7	–	10.1	13.5	9.8
德国	0.9	1.4	0.7	1.2	1.0	1.8	4.3
爱尔兰	17.7	27.8	1.2	6.9	27.0	21.4	53.6

[①] Vitor Gaspar et al., *The Transformation of the European Financial System* (Germany：
European Central Bank，2003)，p. 48.

续表

国家	来自欧洲经济区国家		来自第三国		合计		
	分公司	子公司	分公司	子公司	1983 年	1988 年	1999 年
意大利	3.6	1.7	1.4	0.1	2.6	3.0	6.8
卢森堡	19.4	65.7	1.4	8.1	–	91.0	94.6
荷兰	2.3	3.0	0.5	1.9	10.7	13.0	7.7
葡萄牙	2.5	6.8	0.1	1.0	–	4.2	10.5
西班牙	4.8	3.4	1.6	1.9	7.3	11.0	11.7

资料来源：欧洲中央银行，http://www.ecb.europa.eu。

尽管欧盟致力于建立一个单一银行业市场，但是，对于大部分欧盟国家而言，国内的金融市场仍然是以本土银行为主的割裂市场，外资银行以一种谨慎的姿态开疆辟土，其过程艰难而又漫长。由于信用问题、信息不对称和运输成本等因素的存在，跨境并购仍然以市场利基和企业银行为主要着眼点，而难以进入境外零售银行领域。

三 地区竞争与跨国并购

1985~1997 年，欧盟国家金融信用机构总数从 12256 家减少到 9285 家，究其原因，不得不考虑这一时期激烈的行业竞争和高度活跃的银行并购。相比之下，同一时期美国的银行业机构数量也出现了大幅下降，20 世纪 50~80 年代，美国的商业银行数量一直保持在 13000~15000 家，1980~1992 年，其数量下降到 11500 家，而到 1997 年，仅有 9200 家。随着全国性银行时代的到来，美国银行业的并购会愈演愈烈，而欧洲国家也经历着相似的浪潮。

表4-5反映了1990~1999年欧洲银行业的并购情况。在这10年中，共计发生并购事件2549起，其中，56%发生在同一国家的银行业内部，20%属于境内银行业和其他行业之间的并购行为，17%为跨国的银行间并购，6%为发生在银行业和其他行业之间的跨国并购。

表 4-5　欧洲银行并购情况（1990~1999 年）

单位：件

年份	同国同行业	同国跨行业	跨国同行业	跨国跨行业
1990	51	25	24	10
1991	181	47	28	16
1992	174	48	31	11
1993	137	45	31	9
1994	159	60	41	15
1995	132	70	56	16
1996	157	70	49	17
1997	123	59	61	21
1998	141	36	62	25
1999	181	59	52	19
合计	1436（56%）	519（20%）	435（17%）	159（6%）

资料来源：欧洲中央银行，http://www.ecb.europa.eu。

表4-6详细列举了20世纪末21世纪初，欧洲各国发生的重大商业银行并购事件。

表 4-6　重大商业银行并购事件

买方	卖方
Deutsche Bank（德意志银行）	Morgan Grenfell（摩根格伦费尔）
ING Bank（荷兰国际集团银行）	Barings Bank（巴林银行）
Swiss Bank Corp	Warburg, O'Connor, Brinson, Dillon Read
Dresdner Kleinwort Benson	Dresdner Kleinwort Benson
ABN-AMRO Hoare Govett	ABN-AMRO Hoare Govett
UNIBANK ABB Aros	UNIBANK ABB Aros
Merrill Lynch Smith New Court	Merrill Lynch Smith New Court
Morgan Stanley Dean Witter（摩根士丹利添惠）	AB Asesores
CSFB（瑞士第一波士顿贷款银行）	BZW（equity part）
Société Générale Hambros	Société Générale Hambros
Citigroup Schroder	Citigroup Schroder
Chase Robert Fleming	Chase Robert Fleming
ING Chaterhouse Securities	ING Chaterhouse Securities

资料来源：Vitor Gaspar et al., *The Transformation of the European Financial System* (Frankfurt: European Central Bank, 2003), p. 58。

欧盟内部消除了竞争壁垒，东欧和巴尔干半岛的前共产主义国家对金融服务的需求也与日俱增，这就促使市场环境得到重塑，所以欧洲金融业自 20 世纪 90 年代末以来频繁发生并购事件。由此产生的一体化过程在国内外舞台上都得到了欧盟成员国放松管制政策的支持。

根据交易类型和时期，表 4-7 汇总了由欧洲经济和货币联盟的银行、保险公司和金融集团发起的并购活动的主要情况，这些

活动数据均取自财经数据库解决方案提供商 Bureau-van-Dijk 的
"Zephyr" 全球并购交易分析数据库，其涉及欧洲公司的交易可追
溯到 1997 年。在这一时段进行的所有交易中，虽然一半左右的并
购都发生在同一国家的行业内部，但跨境和跨行业并购都呈现稳
步增加的趋势，反映出并购活动广度的变化。这种变化尤其表现
在跨境跨行业并购方面，1997~2000 年，跨境/跨行业并购仅占
交易总数的 5.9%，而 2005~2007 年，这一比例已达 13.9%，增
长了一倍多。①

表 4-7　欧洲经济和货币联盟发起的并购

单位：件，%

交易类型	1997~2000 年	2001~2004 年	2005~2007 年
境内/行业内	67	75	56
所占比例	49.3	52.1	40.9
境内/跨行业	10	11	10
所占比例	7.4	7.6	7.3
跨境/行业内	51	44	52
所占比例	37.5	30.6	38.0
跨境/跨行业	8	14	19
所占比例	5.9	9.7	13.9
总计	136	144	137

资料来源：Zephyr 数据库。

① Roberto Bottiglia et al., *Consolidation in the European Financial Industry* (New York: Springer, 2010), p. 53.

欧洲的并购运营率非常高，因此，银行业务量持续下滑的同时，行业集中度也在全面加剧。如表 4-8 所示，2003～2007 年，德国前五大银行占所有银行总资产的市场份额一直维持在 22.0% 左右；而英国前五大银行占所有银行总资产的市场份额从 32.8% 上升至 40.7%；更有甚者，荷兰前五大银行占所有银行总资产的市场份额高达 85% 左右。

表 4-8　2003~2007 年欧洲主要信用市场的集中程度（2003~2007 年）

单位：%

国家	2003 年	2004 年	2005 年	2006 年	2007 年
德国	21.6	22.1	21.6	22.0	22.0
西班牙	43.1	41.9	42.0	40.4	41.0
比利时	83.5	84.3	85.3	84.4	83.4
法国	46.7	49.2	51.9	52.3	51.8
意大利	27.5	26.4	26.8	26.2	33.1
荷兰	84.2	84.0	84.5	85.1	86.3
英国	32.8	34.5	36.3	35.9	40.7

注：表中数据为各国前五大银行的资产占该国银行总资产的比例。
资料来源：欧洲中央银行，http://www.ecb.europa.eu。

此外，如表 4-9 所示，就并购业务的数量而言，虽然这个数据历来就很高，但升高的趋势是不明确的，既有急剧上升的阶段，也有相对下降的时期，两种情况交替出现。这大体上符合并购流程的周期性，与该行业开展业务的规模同等重要，这就意味着在某个时期，仅就某些大型的或非常大型的合并而言，虽然业务数量似乎很少，但实际上涉及的成交量非常大。

表 4-9　欧洲银行业并购业务数量

国家和地区	2000 年	2001 年	2002 年	2003 年	2004 年	2005 年	2006 年
并购业务							
12 个欧元地区	58	45	69	68	45	58	16
25 个欧盟国家	70	65	74	73	61	65	21
12 个欧元地区	27	17	19	18	18	21	9
25 个欧盟国家	54	32	36	27	28	31	13
来自非欧盟国家的并购业务							
12 个欧元地区	1	5	2	3	1	8	3
25 个欧盟国家	4	7	5	8	2	12	6

注：2006 年数据为前 6 个月的总和。

资料来源：欧洲中央银行，http：//www.ecb.europa.eu。

　　如果考察的时间段足够长，并考虑经济危机爆发的不确定性，那么并购活动在过去 20 年里一直是影响信贷和金融体系结构最重要的事件，同时也是金融机构战略发展的核心和关键。跨国交易大多都是从规模较小的欧洲货币联盟国家发起的，尤其是奥地利、比利时、爱尔兰和荷兰等国家；这一情况可能是由这些国家的银行业和保险市场的成熟度以及较高的集中度所引发的，这种市场状况驱使金融机构到国外寻找新的商机。[①] 此外，虽然跨国并购主要是针对非欧洲货币联盟国家，但是借由源起国不同，这一模式也随之有所不同。例如，卢森堡、比利时、葡萄牙和法国发起的跨国并购活动更有可能在欧洲货币联盟区内运作，

---

① José Manuel Campa and Ignacio Hernando, "M&As performance in the European financial industry," *Journal of Banking & Finance* 30（2006）：3367-3392.

而希腊、芬兰、奥地利和爱尔兰等国常常会在欧洲货币联盟区外锁定并购目标。[①]

　　欧洲货币联盟区内的并购活动十分引人注目。如表 4-10 所示，1997~2007 年，并购交易中仅有约 20% 是跨国交易，换言之，这一时期的并购交易大都属于国内并购。在地理位置上邻近是这些业务的主要特点。例如，比利时的金融机构主要并购位于法国、卢森堡和荷兰的公司，这些国家又是大多数竞标并购位于比利时的公司的东道国，所以这些国家的金融机构也大多并购位于比利时的公司。这种现象可以从很多方面进行解释。例如，企业内部关系、所处国家在语言、文化、商业和储蓄习惯等方面的同质性，以及国家之间原本就存在的关联可能为跨国并购活动提供了便利。[②]

表 4-10　仅涉及欧洲境内公司的并购案例（1997~2007 年）

收购国＼目标国	奥地利	比利时	德国	西班牙	芬兰	法国	希腊	爱尔兰	意大利	卢森堡	荷兰	葡萄牙	总计	境内收购比例（%）
奥地利	18	–	4	–	–	1	–	–	2	–	–	–	25	72.096
比利时	–	49	1	1	–	7	–	1	1	11	11	–	82	59.896
德国	4	1	137	5	2	6	–	2	7	1	3	1	169	81.196

[①] Roberto Bottiglia et al., *Consolidation in the European Financial Industry* (New York: Palgrave Macmillan, 2010), pp. 54-55.

[②] Roberto Bottiglia et al., *Consolidation in the European Financial Industry* (New York: Palgrave Macmillan, 2010), pp. 55-57.

续表

目标国\收购国	奥地利	比利时	德国	西班牙	芬兰	法国	希腊	爱尔兰	意大利	卢森堡	荷兰	葡萄牙	总计	境内收购比例（%）
西班牙	-	-	1	73	-	2	-	-	4	-	-	8	88	83.096
芬兰	-	-	-	-	31	-	-	-	-	-	-	-	31	100.096
法国	-	4	12	8	-	146	2	2	12	-	4	3	193	75.69
希腊	-	-	-	-	-	-	46	-	-	-	-	-	46	100.096
爱尔兰	-	-	2	-	-	-	-	8	-	-	-	-	10	80.096
意大利	3	-	3	4	-	1	-	2	251	1	-	-	265	94.796
卢森堡	-	2	-	3	-	9	-	-	2	23	2	1	42	54.896
荷兰	-	7	7	1	-	3	1	-	3	-	37	1	60	61.796
葡萄牙	-	-	-	4	-	1	-	-	-	-	-	28	33	84.896
总计	25	63	167	99	33	172	52	16	282	36	57	42	1044	81.196

注 "-"表示无此类案例。

资料来源：Zephyr 数据库。

　　一些国家因为其对外国企业的收购超过了国外实体对国内公司的收购，所以可以称为"净并购方"（Net Acquirers）；其他出现了逆向情况的国家称为"净标的"（Net Targets）。比利时、德国、法国、卢森堡和荷兰等国家都是净并购方，而西班牙、芬兰、希腊、爱尔兰、意大利和葡萄牙等国家都是净标的。意大利是交易量最大的国家，其并购数量约占并购总数的

25.4%，其次是法国（占 18.5%）和德国（占 16.2%）。欧洲货币联盟中并购的总体地理和工业格局与表 4-10 所示情况是一致的。然而，不同国家的并购模式也有一些重大差别。比利时和荷兰以跨行业扩展为导向，在跨国并购活动方面抢占了很大的市场份额，而芬兰、意大利和葡萄牙是开展国内、行业内并购业务最为频繁的 3 个国家。[①]

1997~2007 年，大多数由欧洲货币联盟国家发起的并购活动旨在促进集中和加快一体化，而非实现多样化；就并购方的主要业务活动而言，其 85% 以上的活动都是并购交易。行业内并购活动中有 40% 都针对的是外国企业。总的说来，跨国并购将其份额从 43% 提高到了 53%。其中，针对东欧国家进行的并购活动仅占约 15%；金融集团跨国扩展的速度相对最高；除少数例外情况外，总部设在地中海地区、葡萄牙、爱尔兰和芬兰的企业都只是国内并购者。[②]

四 跨国银行的公司结构选择

理论上讲，跨国投资有利于实现欧洲一体化，并且可能给各国金融市场带来更多的竞争和更高的效率。为了实现自由的跨国流动，银行需要建立在一定的公司结构基础之上，并开设一系列的境外子公司。在欧洲单一银行业市场框架之下，开设

[①] Roberto Bottiglia et al. , *Consolidation in the European Financial Industry* (New York： Palgrave Macmillan, 2010), p. 57.

[②] Roberto Bottiglia et al. , *Consolidation in the European Financial Industry* (New York： Palgrave Macmillan, 2010), p. 57.

境外子公司并不属于相关条例考虑的重点范畴，因为该子公司在法律上具有独立的法人资格，被认为是所在地国家的国内银行。但是，事实上，欧洲银行跨境业务大多是通过境外子公司的建立实现的，对于大部分跨国银行而言，其境外子公司发挥着比境外分公司更大的作用，也占据着更多的资源。这种公司结构的选择是在研究欧洲银行业一体化时应该加以考虑的问题。

表 4-11 反映了 1999 年欧洲经济区各国外资银行开设分公司及子公司的数量。来自欧洲经济区国家的外资银行共开设了 450 家分公司和 363 家子公司，而来自其他国家的外资银行共开设了 312 家分公司和 372 家子公司。粗略看来，欧洲经济区的存在并未给其他国家银行的进入造成太大障碍，因而来自第三国的外资银行在开设分公司及子公司的数量上与来自欧洲经济区内部的外资银行旗鼓相当。从总数上看，二者的主要区别在于对公司结构的选择。来自第三国外资银行更倾向于以建立子公司的方式实现跨国并购，来自欧洲经济区国家的外资银行则反之。但是，不同国家外资银行的情况差异颇大，总量所反映的情况仍需谨慎辨别。

如表 4-11 所示，在德国境内，欧洲经济区国家外资银行开设了 46 家分公司和 31 家子公司，而来自第三国的外资银行共开设了 31 家分公司和 45 家子公司；在法国境内，欧洲经济区国家外资银行开设了 46 家分公司和 118 家子公司，而来自第三国的外资银行共开设了 43 家分公司和 98 家子公司；在英国境内，欧洲经济区国家外资银行开设了 106 家分公司和 18 家子公

司，而来自第三国的外资银行共开设了 149 家分公司和 114 家
子公司；在卢森堡境内，欧洲经济区国家外资银行开设了 61 家
分公司和 97 家子公司，而来自第三国的外资银行共开设了 7 家
分公司和 46 家子公司。由此可见，欧洲国家之间经济环境和人
文制度等方面的差异使得它们所吸引的外资银行以不同的方式
组织其公司结构，仅从各国总数上判断分公司与子公司两种形
式孰优孰劣是不够的。①

表 4-11　1999 年各国外资银行分公司及子公司数量

单位：家

国家	公司类别	来自欧洲经济区国家	来自第三国	合计
奥地利	分公司	6	2	8
	子公司	20	11	31
比利时	分公司	25	15	40
	子公司	16	15	31
丹麦	分公司	14	–	14
	子公司	–	–	–
芬兰	分公司	9	0	9
	子公司	–	–	–
法国	分公司	46	43	89
	子公司	118	98	216
德国	分公司	46	31	77
	子公司	31	45	76

---

① Vitor Gaspar et al. , *The Transformation of the European Financial System* (Frankfurt:
European Central Bank, 2003).

国家	公司类别	来自欧洲经济区国家	来自第三国	合计
希腊	分公司	14	9	23
	子公司	3	3	6
爱尔兰	分公司	18	3	21
	子公司	21	7	28
意大利	分公司	36	17	53
	子公司	4	4	8
卢森堡	分公司	61	7	68
	子公司	97	46	143
荷兰	分公司	11	11	22
	子公司	8	19	27
葡萄牙	分公司	11	2	13
	子公司	6	3	9
西班牙	分公司	33	20	53
	子公司	21	6	27
瑞典	分公司	14	3	17
	子公司	0	1	1
英国	分公司	106	149	255
	子公司	18	114	132
合计	分公司	450	312	762
	子公司	363	372	735

资料来源：欧洲中央银行，http：//www.ecb.europa.eu/pub/pubbydate/1999/html/index.en.html。

与外资银行所开设分公司及子公司的数量相比，其分公司和子公司在境外占领的市场份额可能是衡量跨国银行公司结构选择的更优指标。表4-12具体介绍了1999年外资银行分公司及子公

司的市场份额，即其资本总额占该国银行资本总额的比例。从中
不难发现，对于大部分国家而言，尽管外资银行开设子公司的数
量并不多于其建立分公司的数量，但是，各子公司所占有的市场
份额之和远高于其分公司占有的比例。例如，在德国境内，外资
银行开设的分公司共 77 家、子公司 76 家，但分公司资本总额仅
占德国银行业资本总额的 1.6%，而各子公司资本总额共占德国
银行业资本总额的 2.6%。换言之，在大部分欧洲国家，大型银
行的跨国并购策略主要通过建立子公司这种企业结构实施。由此
看来，建立欧洲单一银行业市场的关键似乎是银行业单一公司结
构的选择，而非欧盟单一银行执照等制度的实施。[①]

表 4-12　1999 年各国外资银行分公司及子公司市场份额

单位：%

国家	公司类别	来自欧洲经济区国家	来自第三国	合计
奥地利	分公司	0.7	0.1	0.8
	子公司	1.6	1.0	2.6
比利时	分公司	9.0	6.9	15.9
	子公司	19.2	1.2	20.4
丹麦	分公司	–	–	–
	子公司	–	–	–
芬兰	分公司	7.1	0.0	7.1
	子公司	–	–	–

① Rafael Repullo, "A Model of Takeovers of Foreign Banks," *Spanish Economic Review* 3 (2001): 1-21; Vitor Gaspar et al., *The Transformation of the European Financial System* (Frankfurt: European Central Bank, 2003).

国家	公司类别	来自欧洲经济区国家	来自第三国	合计
法国	分公司	2.5	2.7	5.2
	子公司	–	–	–
德国	分公司	0.9	0.7	1.6
	子公司	1.4	1.2	2.6
希腊	分公司	11.1	7.9	19.0
	子公司	1.8	1.0	2.8
爱尔兰	分公司	17.7	1.2	18.9
	子公司	27.8	6.9	34.7
意大利	分公司	3.6	1.4	5.0
	子公司	1.7	0.1	1.8
卢森堡	分公司	19.4	1.4	20.8
	子公司	71.1	8.1	79.2
荷兰	分公司	2.3	0.5	2.8
	子公司	3.0	1.9	4.9
葡萄牙	分公司	2.5	0.1	2.6
	子公司	6.8	1.0	7.8
西班牙	分公司	4.8	1.6	6.4
	子公司	3.4	1.9	5.3
瑞典	分公司	1.3	0.1	1.4
	子公司	–	0.2	0.2
英国	分公司	22.5	23.0	45.5
	子公司	1.0	5.6	6.6

资料来源：欧洲中央银行，http：//www.ecb.europa.eu/pub/pubbydate/1999/html/index.en.html。

　　公司金融学和国际经济学文献中对公司结构的分析颇为细致，在银行业境外并购问题的研究方面，许多学者在总分公司制和母子公司制的选择之中倾向于支持后者。在一个不存在交易成本的环境中，公司结构的差异并不会给企业带来严重的影响，然而现实世界是复杂而不完美的，利益冲突和代理问题可能广泛地存在于银行股东、存款人、借款人、银行经理等各方利益主体之间。具体而言，在一个信息不完备的经济环境中，契约双方各自拥有的信息是不对称的，他们都是追求效用最大化者，因此代理人并不总是以委托人的最大利益作为自己行动的最高准则。现代大多数公司的所有权与经营权是分离的，从而产生了所有者与经营者（股东与管理者）之间的代理关系。当股东与管理者的利益不一致时就会产生代理问题。当公司采取债务融资时，股东与债权人之间也会由于利益目标的不一致产生代理问题。[1] 信息非对称和监督成本的存在使得在现实经济活动中缔结完全契约几乎是不可能的，由此形成了对金融契约理论的迫切需求。[2] 这一领域的研究不仅将每一种证券都视为一种权利契约，以解决内部权利纠纷引发的利益矛盾，而且被用来分析股份制公司的组织结构框架问题。[3]

根据金融契约理论，在各种公司结构中，母子公司制具有先天的优势。

[1] Michael C. Jensen and William H. Meckling, "Theory of the Firm: Managerial Behavior, Agency Costs and Ownership Structure," *Journal of Financial Economics* 3 (1976): 305-360.

[2] Oliver Hart, "Financial Contracting," *Journal of Economic Literature* 39 (2001): 1079-1100.

[3] Harold James, *The Reichsbank and Public Finance in Germany* 1924-1933 (Cambridge: University of Cambridge, 1982); Charles Kahn and A. Winton, "Moral Hazard and Optimal Subsidiary Structure for Financial Institutions," *The Journal of Finance* 59 (2004); Michel A. Habib et al., "Spinoffs and Information," *Journal of Financial Intermediation* 6 (1997).

首先，如果银行家无需担忧海外子公司的风险转移问题，那么外部资本带来的股权稀释成本将大为降低。风险转移假说认为，要解决债权人与股东之间代理问题的融资方法之一是发行普通股，资本结构如果全是权益的话，虽然可消除这种代理问题，但同时会加大股东与管理者之间的代理问题，产生管理者过度执权的代理成本。将转换条款纳入公司直接债券中可以解决因发行直接债务所产生的风险投资诱惑带来的负债代理问题。对于跨国银行而言，当不同利益主体所面对的风险程度差异较大时，风险转移问题尤为突出，而建立子公司有利于企业实现风险隔离。[①]风险隔离是指发起人和发行人用以保证融资的特定资产与发起人和发行人的其他资产从法律上进行分离，确保隔离担保资产不受发起人或发行人经营恶化及其他债权人追偿的影响，并且在发起人和发行人破产的情况下不被列入破产资产。例如，当西班牙的银行在拉丁美洲开设子公司时，其子公司作为独立的公司法人，经营状况及法律后果并不会对西班牙母公司以及其他子公司造成严重影响，从而保护了母公司债权人的利益。有些银行在并购后根据业务风险等级隔离出专门经营某项业务的子公司，采取专门管理，从而避免对其他业务部门的影响，保证企业的总体经营效果。

其次，母子公司制有利于企业通过存款保险更大限度地获取卖方期权利益。存款保险是一种金融保障制度，由符合条件的各类存款性金融机构集中起来建立一个保险机构，各存款机构作为

① Charles Kahn and A. Winton, "Moral Hazard and Optimal Subsidiary Structure for Financial Institutions," *The Journal of Finance* 59 (2004).

投保人按一定存款比例向其缴纳保险费,建立存款保险准备金,当成员机构发生经营危机或面临破产倒闭时,存款保险机构向其提供财务救助或直接向存款人支付部分或全部存款,从而保护存款人利益,维护银行信用,稳定金融秩序。在期权定价研究中,存款保险通常被认为是一种卖方期权。[1] 对于保险机构而言,总公司与分公司作为单个公司实体投保所带来的风险并不高,其预期支出较低,而多个独立子公司的风险合计则较高,因为在子公司中出现一家或多家银行违约的可能性更大。尽管母公司可能会出于自身商业声誉的考虑尽量避免其子公司发生违约行为,但是,当履约成本高于商誉损失所付出的代价时,两害相权取其轻,放弃子公司似乎是一个必然的选择。

再次,母子公司制允许母公司和各子公司单独公开上市,为解决各方利益体之间的信息不对称问题提供了较为可行的途径,通过增加可交易证券的数量使价格系统包含更多有用信息。[2]

综上所述,当风险转移的存在可能损害企业债权人和存款保险机构的利益时,总分公司制和母子公司制这两种不同的公司结构可能带来截然不同的结果。而在银行领域的实践中,跨国并购更倾向于采用母子公司制形式进行。

从企业管理角度来看,母子公司制形式在跨国并购实施初期

---

[1] Robert C. Merton, "An Analytic Derivation of the Cost of Deposit Insurance and Loan Guarantees an Application of Modern Option Pricing Theory," *Journal of Banking & Finance* 1 (1977).

[2] Michel A. Habib et al., "Spinoffs and Information," *Journal of Financial Intermediation* 6 (1997): 153-176.

尤为适用，因为这种公司结构对于减少或消除管理阻力大有裨益。企业境外扩展以追求规模效应和利益最大化为目标，但对他国企业的兼并和收购通常为经营管理带来更多的问题。通过允许保留被并购的境外企业原有的组织结构，实施并购的企业可以拉近与海外子公司员工的关系，提高员工的归属感和安全感。同时，被收购的境外银行通常隶属于当地银行业协会，以母子公司制的形式保留其独立的公司法人资格有助于继续借助其在当地的社会资源，从而更加顺利地转型并反过来对当地经济带来更大的影响。因此，无论一体化金融市场是否形成，跨国银行管理都应当结合自身情况适度分权，在企业结构方面发挥子公司的优势，并结合子公司的设置，使之相辅相成，从而达到企业绩效与员工忠诚度兼顾的最优状态。

五　银行、投资与证券

欧洲金融市场在20世纪90年代发生了重大改变。通用货币的出现以及金融市场同质化制度环境的趋同共存有助于突破国家壁垒，特别是银行和中介服务领域。然而，目前还没有看到泛欧证券交易所取得任何相关的进展。跨境金融投资稳步增长使各国交易所间的竞争日益加剧，而收购项目之中，有些已经付诸实施（如 Euronext 和 Norex 的合作），但大多尚未成型（如斯德哥尔摩交易所收购伦敦证券交易所的项目）。1995～2000 年，欧洲各地新市场涌现，这有力地证明了证券交易所以良好的市场态势优先从国内发展起来，而没有走向一体化。新兴市场与私募股权投资，特别是风险投资，在同一时期都取得了前所未有的发展，这不是偶然的。①

　　私募股权是指由专业投资者（如投资银行、封闭式基金和商业天使）在为少数股东所有的私人企业股本中进行的投资。风险投资是私募股权投资的一种具体形式，专门针对初创公司，特别是科技领域的企业。风险投资绝对不是工业化国家企业的主要资本来源。在欧洲，风险投资行业的发展仍欠发达，1990~2000 年，欧洲已投入风险投资融资中的资金为 850 亿美元，而企业在股票交易所筹集到的资金超过 2000 亿美元。②

　　表 4-13 显示的是与 GDP 相比，2000~2002 年主要欧洲国家和美国的风险资本投资情况。有趣的是，2000 年（虽然它已成为创纪录的风险投资年）的投资只占国家财富的一小部分，并且只是在美国、英国和一些北欧国家，如瑞典和芬兰，这些投资才发挥了重要的作用。然而，2001~2002 年，就连这一小部分也进一步下降了，这表明金融市场呈现负增长势头。③

表 4-13　欧洲主要国家和美国风险资本投资占 GDP 比例（2000~2002 年）

单位：%

国家	2000 年	2001 年	2002 年
美国	1.24	0.6	0.2

①　Giancarlo Giudici and Peter Roosenboom，*The Rise and Fall of Europe's New Stock Markets*（London：Elsevier Ltd. 2004），p. 4.

②　European Venture Capital Association，Yearbook of 2003；http：//www.evca.com.

③　Giancarlo Giudici and Peter Roosenboom，*The Rise and Fall of Europe's New Stock Markets*（London：Elsevier Ltd. 2004），p. 4.

续表

国家	2000 年	2001 年	2002 年
英国	0.86	0.65	0.63
瑞典	0.92	0.87	0.58
荷兰	0.49	0.44	0.39
法国	0.38	0.23	0.39
芬兰	0.76	0.19	0.33
意大利	0.26	0.16	0.21
比利时	0.22	0.16	0.14
德国	0.24	0.22	0.12
瑞士	0.25	0.09	0.11
爱尔兰	0.41	0.13	0.08

资料来源：欧洲中央银行，http://www.ecb.europa.eu。

风险投资虽然在数量上具有有限的相关性，但其在打造成功的小企业方面发挥了至关重要的作用，特别是在科技领域，其贡献尤为突出，因为在这一领域，获得外部融资是促进创新和研发活动的必要条件。如果与欧盟最大的 500 家企业相比，欧洲在1991~1995 年接受过风险投资的企业呈现了极高的增长率。风险投资公司的销售额年均增长率达 25%，是大公司的 2 倍。在接受过风险投资的企业里，员工数量年增长速度为 15%，而大公司仅为 2%。在这样的企业里，资本性支出每年也在以 25% 的速度增长。1995 年，接受过风险投资的企业研发经费占销售额的 8.6%，这一比例在大公司仅为 1.3%。在最近针对 351 家公司进行的一项调查中，我们发现，不管是在其种子阶段、初创阶段还是扩张阶段，约有 90% 的公司都创造了新的就业机会。这 351 家公司总计创造了 16143 个新职位（平均每家公司创造了 46 个新职位）。[①]

1995~2001 年获得了种子或初创资本的公司，在接受风险投资后的头 4 年，年增长率为 125%，而获得了扩张融资的公司在此 4 年期间每年的增长率仅为 33%。对于所有公司来说，接受了风险投资之后，研发支出暴增。2001 年和 2002 年的总体趋势是优先考虑将进行中的投资合并，在最有前途的行业中选择机会，如生物技术领域。美国和欧洲的生物技术部门与总投资的相关联系显著加强了。[②]

与此同时，投资者撤资的现象也不罕见，在欧洲，2000 年的撤资总额为 91 亿美元，而 2001 年的撤资总额为 125 亿美元。最频繁使用的撤出路线一直是贸易—销售线，2000 年，欧洲贸易—销售线的撤资额为 30 亿美元。2001 年，欧洲贸易—销售线的撤资金额达 42 亿美元，通过在证券交易所首次公开募股进行的撤资金额为 2500 万美元，上年同期为 5700 万美元。2002 年的撤资总额为 81 亿美元，其中 1% 来自首次公开募股，29.8% 则来自贸易—销售线，还有 28.5% 来自冲销和资本损失（2001 年为 23.2%）。尽管 2000 年以后出现了负循环态势，但美国特别是欧洲的私募股权市场仍保持新市场出现前（1997～1999 年）的规模。因此，人们仍然需要专门的交易所，允许私募股权投资者撤出他们从有发展前途的公司获得的股权。①

美国经济在 20 世纪 90 年代呈现了强劲的态势。其中，积极的推动力大部分来源于小企业做出的贡献。根据美国小企业管理局的数据，1990～1999 年，小企业创造了 120 万个新职位，而大型企业却减少了 65 万个职位。高科技行业的增长态势尤为强劲。② 同一时期，欧洲大陆公司的增长率显著下降了，但就业状况并没有受到显著的冲击。③

对于欧洲公司增长率有所下降的问题，可以从几个方面加以解释。欧洲资本市场欠发达可视作一个主要原因。欧洲资本市场由于股东缺乏法律保护而被认为其规模是有限的，这就降低了投资者持有欧洲公司证券的愿望。④ 1992～1995 年，在美国交易所上市的企业超过 2200 家，而在欧洲同时期，仅有 800 家企业上市。此外，同一时期在欧洲上市的企业基本上都是大型成熟企业，并不需要筹集资金、不需要稀缺的发展机会，也不需要寻求减轻债务负担的途径。⑤

---

① Giancarlo Giudici and Peter Roosenboom, *The Rise and Fall of Europe's New Stock Markets* (London: Elsevier Ltd. 2004), p. 10.
② David B Audretsch, "The Dynamic Role of Small Firms: Evidence from the US," *Small Business Economics* 18 (2002): 13-40.
③ Giancarlo Giudici and Peter Roosenboom, *The Rise and Fall of Europe's New Stock Markets* (London: Elsevier Ltd. 2004), p. 10.
④ Rafael L. Porta et al., "Legal Determinants of External Finance," *Journal of Finance* 52 (1997): 1131-1150.
⑤ Marco Pagano et al., "Why Do Companies Go Public? An Empirical Analysis," *The Journal of Finance* 53 (1998): 27-64.

想要筹集股本的欧洲科技公司大都倾向于在美国上市。1986~1997 年，在美国上市的欧洲公司数量一直在增加，而在欧洲上市的美国公司的数量却一直在减少。1988 年，欧盟 135 家企业在纳斯达克上市了，其中，52 家来自英国，18 家来自荷兰，15 家来自瑞典，14 家来自爱尔兰，3 家来自德国，2 家来自意大利。[①]

国家政府和欧洲委员会很快就开始意识到改革金融市场的必要性，并指出风险投资和股权投资发展不平衡，是欧盟企业的竞争力不及美国企业的一个根本原因。证券交易所的改革一直是改革议程中一个亟待解决的问题。几年来，在大多数欧盟国家开放的小型成长型公司（新市场）的特别交易专门针对的是新科技领域里的小公司，因为很显然，这些小公司自己根本找不到在现有的股票市场中生存的方式。一些新市场试图加入泛欧网络（Euro. NM）从而为上市公司提供跨国家的知名度。然而，泛欧网络却在 2000 年解体了。[②]

表 4-14 列出了自 1995 年以来在欧洲设立的新兴市场，与美国纳斯达克市场（NASDAQ）进行比较，并报告了最相关的统计数据（资本和上市公司）。截至 2003 年 1 月 1 日，美国的纳斯达克市场共有上市公司 3649 家，总资产占美国国内生产总值的比例为 19.91%；英国 TechMark/AIM 市场共有上市公司 914 家，总资产占英国国内生产总值的比例为 27.52%。与交易所主板相比，

---

① Marco Pagano et al. , "The Geography of Equity Listing: Why Do Companies List Abroad?" *The Journal of Finance* 57（2002）: 651-694.

② Giancarlo Giudici and Peter Roosenboom, *The Rise and Fall of Europe's New Stock Markets*（London: Elsevier Ltd. 2004）, p. 12.

新市场的主要特征是上市要求和提供流动性的机制。一般来说，在公司经营年限和盈利能力方面，新市场的上市要求不像主板上市要求那么严格。实际上，新市场针对的是那些在 IPO 时不盈利，却有很大的发展机会且需要资金投入的年轻小公司。欧盟证券交易所一般会要求在主板上市的企业有 3 年的可追踪经营记录（在 French Second March'e 上市，年限为 2 年），而新市场一般要求此年限为 1 年，只有德国新市场和欧洲比利时新市场要求此年限为 3 年。

表 4-14　欧洲新兴市场与美国 NASDAQ 进行比较

市场	国家	总资产	总资产/GDP（%）	上市公司
TechMark/AIM	英国	391395	27.52	914
Neuer Markt	德国	9928	0.54	240
Nuevo Mercado	西班牙	9576	1.64	13
Nouveau Marché/Euronext	法国	6954	0.53	147
Nuovo Mercato	意大利	6438	0.59	45
Sitech	波兰	5327	3.02	24
NASDAQ Europe（EASDAQ）	比利时	3043	–	40
ITEQ	爱尔兰	834	0.81	8
SWX new market	瑞士	630	0.25	9
KVX growth market	丹麦	598	0.37	10
Nya marknaden	瑞典	513	0.23	17
NM-list	芬兰	290	0.24	15
Nieuwe Markt/Euronext	荷兰	379	0.01	11

市场	国家	总资产	总资产/GDP（%）	上市公司
New Markt NEHA	希腊	122	0.01	5
Buro-NM Belgium/Euronext	比利时	57	0.02	11
Novo Mercado/Euronext	葡萄牙	–	–	–
NASDAQ	美国	1994494	19.91	3649

注：①表中的数据截至 2003 年 1 月 1 日；②"总资产"相关数据单位为"百万美元"；③AIM 仅统计 704 个上市公司，总资产为 15760 百万英镑；④比利时由于上市公司多为外资企业，比例并不显著；⑤尽管使用同一个交易平台，但 Nya marknaden 并非规范的斯德哥尔摩股票交易市场。

资料来源：欧洲证券交易所，https：//www.euronext.com/；NASDAQ，http：//www.nasdaq.com/。

然而，这两个新市场在许多情况下还是能够接受例外情况的，甚至是初创公司（具有不到 1 年的记录）也有获准上市的。就公司规模而言，德国、法国、荷兰和意大利的交易所要求公司账面股本要大于 15 万美元。欧洲比利时新市场要求预期市值要大于 20 万美元，欧洲纳斯达克设置了可替代规则，将预期资本、股本和销售结合在一起。主板上市的要求更加多样化（在德国，股本账面价值必须大于 12.5 万美元，而在比利时和法国，必须要大于 150 万美元，瑞士的要求是超过 170 万美元）。属于前欧洲新市场和瑞士 SWX 新市场的新市场要求 IPO 公司通过发行原始股（至少 50% 的募集资金，必须超过 50 万美元）筹集新股本。与在主板上市的情况相同，在新股票市场上市的企业也必须委派一名保荐人，帮助公司与金融界进行沟通交流。企业还要指派提供流动资金的做市商和经纪人。他们负责不断地展示股票的买入和卖出价格。建议在市场上交易的流动资金20%~25%（在某些情况下，对于大型资本公司来说，10%就足够了）。就这一要求而言，主要市场与新市场并无显著差异。为了减少与投资者之间出现信息不对称，通常会要求公司和保荐人通过定期与分析师会面、提供研究报告来维护定期向市场流动的信息。[1]

通过锁定合同提供进一步的保障，在这种情况下，IPO前股东在上市后给定月数内不得出售（部分出售）他们的股票。该条款旨在避免售后市场中股票供应过剩（可能导致压低股价），最重要的是，防止内幕交易。实际上，内部投资者有可能受到利诱将其公司信息公开并销售股票，以利用临时超额估值。通过承诺持有他们的股份，表示出了对公司未来价值的良好期望。在几乎所有的新市场上，锁定条款都是强制性的，期限为6~12个月不等，要锁定的IPO前股东持有的部分股票数额为80%~100%。但在其对应的主板，所有的锁定条款都不是强制性的（唯一例外的是荷兰证券交易所，要求不盈利的公司执行锁定条款）。[2]

六 金融危机带来的崩溃与革新

2007年起，发达国家遭受了一次重大的金融和经济危机，

---

[1] Giancarlo Giudici and Peter Roosenboom, *The Rise and Fall of Europe's New Stock Markets* (London: Elsevier Ltd. 2004), pp. 12-15.

[2] Giancarlo Giudici and Peter Roosenboom, *The Rise and Fall of Europe's New Stock Markets* (London: Elsevier Ltd. 2004), p. 15.

这无疑是自大萧条以来最大的金融危机，以某些尺度来衡量，这也是全球现代资本主义体系 200 年历史上最大的金融危机。[①]

金融危机造成的经济后果给有宪法制定或修改权的经济体带来了越来越大的压力。意大利、葡萄牙和希腊的竞争力严重丧失，通过汇率贬值无法缓解这种状况，而快速降息也无法减缓发生在西班牙和爱尔兰的信贷泡沫破裂的速度。经济危机揭示了重要的银行需要有更强大的中央机构和协调措施来进行系统的监管。[②]

我们必须从这场危机中汲取教训，这样才可以降低再次发生此等危机的可能性及其严重性。有一点是明确的：这场危机的主要原因来自金融体系内部，并不来自躲在背后的因素，例如，20世纪 70 年代的危机——通货膨胀的财政和货币政策、僵化的劳动力市场、过于强大的工会以及政治引起的商品价格波动。在一些国家，比如希腊，长期无法支撑的公共财政就发挥了至关重要的作用，但最值得关注的是，在危机到来之前可支撑的公共赤字和债务负担在面对金融风暴时是如何迅速变得繁重起来的？同样惊人的是，这一金融体系在危机到来前得到了无数赞扬，赞扬它不仅是经济效益和稳定性的驱动力，将风险分散到了最能够管理风险的人手中，还建立了新的灵活的风险对冲机制，并通过

---

① Harold James, *Financial Innovation, Regulation and Crises in History* (London: Routledge, 2015), p. 127.

② Howard Davies and David Green, *Banking on the Future: The Fall and Rise of Central Banking* (New Jersey: Princeton University Press, 2010), p. 193.

在日益流动的市场中提高价格透明度来加强了市场纪律。新的信贷证券化和信用衍生金融体系被视为"大缓和"的一个关键因素。①

19世纪英国经济史学家认为，英国更先进的银行体系是其中一个因素，带动了卓越的经济效益，促进了储蓄动员，要知道，因为在未转换的合同中规定了发行人负债的风险、回报和期限必须与储户资产的完全一致，所以如果储户通过未转换的合同与资金使用者相联系，动员储蓄将会变得更加困难。他们认为，英国享有比德国和法国更强的经济优势，这是因为英国更先进的银行体系促成了储蓄的生产性投资，而不是让他们"休眠"了。②

显然，杠杆和部分准备金银行的这些好处也给它们自己带来了巨大风险。首先，银行在实体经济中促成了更大的杠杆作用，它们将杠杆用到了自己身上，增强了信贷的具体特征而不是股权契约所产生的危险性。其次，银行引入了到期转换风险、相关的信心和危机蔓延的风险，它们被根植于一个简单的事实，即银行建立了一套合同责任，鉴于它们资产的合同期限，虽然银行在法律上有权同时执行，但不能同时兑付。因此，银行本身就是有风险的机构，只有通过资本和流动性监管以及央行流动性保险的综合效应才能确保安全。再次，明斯基资产价格升值的周期性过

① Harold James, *Financial Innovation, Regulation and Crises in History* (London: Routledge, 2015), p.127.
② Piet Clement et al., *Financial Innovation, Regulation and Crises in History* (London: Pickering & Chatto Publisher Limited, 2014).

程，在银行信贷世界中得到了极大的推动，虽然一定程度上可能是在一个非银行信贷扩张的世界中，但仍然推动了信贷的需求和供给，进而推动了资产价格进一步的膨胀。银行信贷在周期性流动中创造了银行资金，具有低贷款损失的特征，在抵押价格增值推动下使银行资本储备膨胀，从而消除了对进一步信贷增长的限制。更确切地说，直至自我强化循环逆转。银行信贷扩张已深深地嵌入了自我强化的顺周期性趋势中。[①]

在全球范围内，银行根据金融市场的地位，看到了自己对投资变化的影响力，全能型的结构在业务开展方面赋予银行家更多的自由。这一趋势使大多数机构，特别是最大机构的盈利能力日益增强了。从 20 世纪 80 年代到 21 世纪初，金融市场在为企业项目提供资金方面发挥了至关重要的作用。因为给予了新创企业有利的经济环境和管理设施，他们获得了用于生产性投资的流动资金的缘故。近期的市场波动扭转了有利于银行业的趋势。一些投机泡沫在过去 30 年时有发生。在这些事件中，银行机构牺牲了自己给予信贷和承担风险的主要职能，将自己主要的业务都集中到了最大化自己的利益上。[②]

自 20 世纪 80 年代以来，银行业结构向全能型演变，一般的并购和收购过程表明了我们全球化的优势和劣势。如果全能银行看起来更能抵御实际的金融混乱的话，所有机构都应该认真考

---

① Harold James, *Financial Innovation, Regulation and Crises in History* (London: Routledge, 2015), p. 131.

② Elisabeth Paulet, *Financial Markets and the Banking Sector* (London: Pickering & Chatto, 2009), p. 111.

虑，把重心放在核心业务上，即小额银行业务。为了吸引新的客户，它们必须顶住社会压力，提出更多的金融产品，而它们这么做的主要目的还是要实现长期安全的投资。这种新的方向，即使有价值，也不会让人轻易就能做到。银行在竞争激烈的环境下开展业务，所以有时候，这样的状况就会迫使他们必须要有冒险精神。未来几十年的整体目标就是要证明，金融问题中的盈利能力和伦理因素不是反义词性质的。它们的共存可能会给银行和整个经济体系带来新的利润形式。①

---

① Elisabeth Paulet, *Financial Markets and the Banking Sector* (London: Pickering & Chatto, 2009), pp. 111-112.

第二篇　英德金融组织发展状况

.

第五章

英国金融体系的演进

一 英国银行业兴起的历史背景

18 世纪英国的工业革命有重要的历史地位，但是很少有人注意到当时英国的另一场革命——金融革命。[①] 银行业最初出现于荷兰，17 世纪后，随着商业、贸易的发展，英国银行业逐渐萌芽。

新航路的开辟引发了"商业革命"，1500～1750 年，英国处于重商主义时代。"重商主义"主要是一种经济学说和经济实践，主张应由政府控制国家的经济，以便损害与削弱竞争国家的实力，增强本国实力，是政治上的专制主义在经济上的翻版。在"重商主义"的推动下，英国通过特许贸易、关税保护、开拓殖民地等政策拥有了广阔的世界市场，这不仅使新兴资产阶级的经济力量随着贸易的快速发展而日益扩大，而且奠定了近代金融体系的物质基础和阶级基础。

[①] Moshe Buchinsky and Ben Polak, "The Emergence of a National Capital Market in England 1710-1880," *The Journal of Economic History* 53 (1993), p. 1.

英国重商主义时期的经济发展在很大程度上受到海外贸易的推动。早在都铎王朝统治时期，英国便向欧洲大陆及邻近地区大量倾销呢绒。事实上，表5-1展示了1530~1700年英国年均贸易额的变动情况，在这一时期内，英国的进出口额均大幅增加。16世纪30年代，英国的年均出口额仅为721117英镑，进口额为686352英镑。1622年，英国的年均出口额达2320436英镑，年均进口额达2619315英镑。1669~1700年，英国的年均出口额则达6419000英镑，年均进口额则达5849000英镑，均为16世纪30年代的8倍有余。

表 5-1　1530~1700 年英国年均贸易额

单位：英镑

时间	出口额	进口额
16 世纪 30 年代	721117	686352
1613 年	2487435	2141151
1622 年	2320436	2619315
1663~1669 年	4100000	4400000
1669~1700 年	6419000	5849000

资料来源：Charles Wilson and Geofrey Parker, *An Introduction to the Sources of European Economic History 1500-1800: Western Europe* (Thames: Taylor & Francis, 1980), p. 125。

此外，海外贸易还加速了英国的海外扩张和资本的原始积累。通过商业战争，英国先后打败了西班牙、荷兰、法国，奠定了其"日不落帝国"的基础。1700年，英国对外贸易额约为5900万美元，1716年增加至6500万美元，1789年则已高达3.4

亿美元。①

重商主义有一个显著的特点，即固定资本的作用相对次要，经济特别是贸易的发展对于现金的需求量与日俱增。欧洲当地产金量很少，13~14世纪初每年产量约为1吨，1325~1385年上升到3~4吨。1500年欧洲的货币总存量大约为3500吨黄金、37500吨白银。同时，来自美洲的金银实难满足不断扩大的交易之需，再加上硬币削边严重，整个欧洲面临现金极度短缺的局面，英国也不例外。货币匮乏使商人因资金周转不灵而陷入窘迫的境地，甚至破产，严重制约了贸易的拓展。于是人们想方设法改进结算方式，以便能在交易时完全摆脱对黄金白银的依赖。16~17世纪，英国与许多其他国家一样采用了铜币，其主要目的是缓和对黄金与白银需求的压力。但是，铜只适用于铸成小额货币，对于大笔的交易，实难堪其任。

早在15世纪，英国就使用一种简单的期票作为贷款的保障，这种期票即"责任票"，作为出票人的借方以此保证在某日清偿某一笔债务。随着贸易的迅猛发展，这种信贷工具得以推广，频繁使用，甚至在同一个通货区内一笔款项由一地转移到另一地也使用这种工具（英国所谓的"国内票据"）。英国商人经常将其所持有的期票（责任票）转让给其他债权人以清偿债务。

汇票是13世纪意大利人一个很大的创新。汇票作为一种货币替代物，用于一方所欠的债务冲销另一方所欠的债务，既减少

---

① 夏炎德：《欧美经济史》，上海三联书店，1991，第194页。

了易货贸易及当面清账，也避免了大量使用硬币。于是，交易结算对金银的依赖性因此有所减弱。在英国，到了17世纪中叶，汇票成为一种可转让的票据，汇票必须背书之后，才可以易手转让。此外，支票这种有用的工具也从意大利传入英国。17世纪60年代，英国就已经出现了最初的支票，即所谓的"开立票"，至于真正的支票，即可以从个人账户上支取金额的支票，到18世纪中叶才在英国普及。但是，当时英国的票据并不是完全自由转让的，直到1704年，英国的法庭通过了"期票法案"，自此，信用票据才可以完全自由转让，即可以像货币一样在市场上流通。信用票据的广泛使用派生出了"贴现"票据。所谓"贴现"票据是将一张信用票据在到期之前出卖给第三者，以便换取一笔稍低于其票面价值的款项，这给商人及其贸易带来极大便利。①

英国农业、工业、贸易的飞速发展，以及货币制度的渐趋稳定和票据结算等信贷工具的快速发展，不仅为金融体系的建立奠定了良好的经济和制度基础，也是金融革命的内在动因。新兴资产阶级的发展，引发了君主立宪制的确立，代表新兴资产阶级利益的党派开始掌权，奠定了金融革命的阶级和政治基础。17世纪末18世纪初，战争使英国政府面临严重的财政危机，且经济部门日益增加的资本需求难以满足，在此背景下银行业在英国迅速兴起。英格兰银行、地方银行、私人银行逐渐建立，对缓解财政危机、促进资本流转、推动经济发展发挥了重要作用。

---

① 王勇：《世界金融史上的革命：论十七、十八世纪英国金融体系的形成》，硕士学位论文，贵州师范大学，2008，第15页。

二 英格兰银行

（一）成立背景

英国在光荣革命后的一系列对外战争造成财政亏空，时任国王威廉三世不得不开征消费税、印花税等税收，但这种局面没有明显改观。比如，1693 年，英国财政收入为 378.3 万英镑，支出为 557.6 万英镑，其中军费支出为 465.1 万英镑，约有 179.3 万英镑的财政赤字；1694 年，财政收入为 400.4 万英镑，支出为 560.2 万英镑，其中军费支出为 449 万英镑，约有 159.8 万英镑的财政赤字。[1] 为应对政府入不敷出的局面，时任国王不得不向民间借款，以一定期限的特定税款作抵押，之后政府债务规模快速扩大。1693 年，政府借款约 600 万英镑，国家财政日益紧张。[2] 而且，政府越来越难借到民间资金，不得不做出设立英格兰银行的决定。1694 年 8 月，政府与以威廉·帕特森为首的伦敦金融家达成协议，政府得到年利率为 8%、总额为 120 万英镑的贷款；作为条件，政府授权贷款人设立的银行发行总额不超过其总资本 120 万英镑的银行券。英格兰银行根据该协议宣告成立，发行的 120 万英镑股票在极短时间内被以伦敦城商人为主的民间资本主体全部认购。英格兰银行的最初目标是为政府提供有保障的贷款：期限为几周或几个月的短期贷款和没有约定期限的长期贷

---

[1] Brian Mitchell, *British Historical Statistics* (Cambridge: Cambridge University Press, 1988), pp. 575-578.

[2] Peter G. M. Dickson, *The Financial Revolution in England: A Study in the Development of Public Credit* (London: Macmillan, 1967), p. 344.

款。长期贷款不需偿还本金，仅定期支付利息，逐渐演变为长期国债。

英格兰银行成立于 1694 年，当时尚没有中央银行的概念。到 18 世纪末才涌现出一些接近现代中央银行的概念，有的学者虽然承认英格兰银行的表现仍有不足之处，却可能还是把该银行看作现代意义上的中央银行。[①] 然而，也有一些学者更愿意将此概念出现的年份追溯到 1844 年，或者至少将 1844 年的《银行特许条例》视作一个重要的里程碑。例如，White 认为该法案支持了英格兰银行在纸币发行上的垄断特权，巩固了其作为早期中央银行的地位；[②] 而其他人则认为中央银行的概念直到 19 世纪 70 年代，英格兰银行接受了其作为最后贷款人的职能后方才形成。[③]

（二）演变过程

英格兰银行本来只是为政府提供借款的临时性机构，但 17 世纪末 18 世纪初，英国不断进行对外战争，产生的军费政府无法承担，政府不得不持续地向民间借款，英格兰银行就以社会筹款者的身份，逐渐成为一个长期性机构。并且，在这个过程中，英格兰银行逐渐从政府获得越来越多的特许权，从而在金融市场中处于特殊地位。1715 年起，英格兰银行接管了英国国债，使其在伦敦享有独特地位，确保其发行的钞票逐步稳定地支配伦敦市

---

① Henry Thornton, *An Enquiry into the Nature and Effects of the Paper Credit of Great Britain* (London: Hatchard, 1802).

② Lawrence H. White, *Free Banking in Britain: Theory, Experience and Debate* (Cambridge: Cambridge University Press, 1984).

③ Forrest Capie et al., *The Future of Central Banking: The Tercentenary Symposium of the Bank of England* (Cambridge: Cambridge University Press, 1994), p. 5.

场。这对促进国债常态化和国债利率的降低发挥了重要作用，在此之前国债利率高达 8%～10%，之后大致表现为下降趋势，18 世纪中叶甚至降到 4% 的低水平。英格兰银行不仅向政府提供贷款，还定期代表财政部与伦敦金融家商谈国债发行的条件等。

在与英格兰银行的合作中，政府以出让特权的方式担保借贷的完成，尤其是使政府在信用不够时不至于发生借贷危机，这样英格兰银行就成为政府顺利运转的牢固的财政基础。① 之后，英国出台了一系列旨在巩固英格兰银行金融市场地位的法案，18 世纪初赋予了英格兰银行买卖金银与汇票、借款、发行可流通期票的权利。1697 年，英国政府颁发新特许状，允许英格兰银行发行不需背书即可流通的银行券，并给予独占的特权。1708 年的特许状进一步明确这种特权，并禁止"股东在 6 人以上的其他银行在不列颠的英格兰区域内以汇票或即期票据或期限在 6 个月以下的票据来借、贷或承兑任何款项"。后来作为向政府提供贷款的条件，英格兰银行进一步强化它的特许权。1742 年、1764 年、1781 年经过分别重申后，英格兰银行的特许权不断得到强化，并发展为英格兰唯一的股份制银行，直到 1826 年为止。

在英格兰银行的特许权中，尤为重要的当属垄断发行银行券的权利。从实质上来讲，银行券就是现在的钞票、纸币。英格兰银行的银行券最初只能在伦敦商业区及周边 30 英里内结算账款时流通。此后，其银行券逐渐在曼彻斯特、利物浦等地方流通，这些地方的工人往往拒绝以易贬值的私人银行支票结算工资，因

---

① 刘金源：《论 18 世纪英国银行业的兴起》，《历史教学》（下半月刊）2013 年第 7 期，第 37～41 页。

而银行券的使用越来越受民众的欢迎。在当时"金本位制"的背景下，民众可以随时在英格兰银行将银行券兑换成黄金，这是建立在充足的黄金储备的基础上。因而，在商业与贸易中，英格兰银行的银行券实际上等同于市场上流通的金币，这满足了"商人或船东对纸币的需要，他们可以利用纸币结账，而不需支出或收进过多的金币。伦敦或其他银行家在与客户进行业务交往的时候也使用英格兰银行的钞票或支票；他们不再发行本行的钞票"。[1] 这说明英格兰银行发行的纸币或签发的支票不仅得到了商人和民众的认同，而且得到了金融同业的认可。因为有政府的支持，英格兰银行拥有了最强的信誉保证，它发行的银行券也在全国范围内作为金币的替代物得以流通。

由于英格兰银行的特殊地位及其与政府的关系更加紧密，18世纪中叶，英格兰银行完成了从私人股份制银行向英格兰中央银行的演变。之后，英格兰银行承担着中央银行的职能，开展从民间筹集资金向政府贷款、发行国债、兑现政府债券、行使铸币权等业务。从成立起，英格兰银行的资产规模越来越雄厚，1797年已达 1759 万英镑。[2]

三　地方银行

18 世纪，除了位于伦敦的英格兰银行，英国各城镇的商人也

---

① 〔英〕W. H. B. 考特：《简明英国经济史：1750 年至 1939 年》，方廷钰等译，商务印书馆，1992，第 105 页。
② 安月雷：《从私人银行到中央银行：试论 18 世纪英格兰银行职能的转变》，硕士学位论文，华东师范大学，2009。

开始为顾客提供存贷款业务和贴现票据等服务，由此涌现了商人开办的地方银行（Country Bank），又称乡村银行。

18 世纪中叶前人们将闲置资金以一定利息存放于当地信誉较高的商人处，商人以更高的利息将钱借贷出去，从而获利。从事信贷业务的商人逐渐成为专职银行家，其商铺也演变成地方银行。[①] 18 世纪中后期，英国进入现代经济的快速发展时期，新兴工业的快速发展造成社会流动资金的需求迅速增加，工业发展带来的巨额利润诱使社会资金由低利润地区向高利润地区流动，各地专门从事银行业务的地方银行家也随之不断增多，地方银行逐渐发展壮大。

英国第一家地方银行是 1716 年由格洛斯特的呢绒商兼服装商詹姆斯·伍德创立的，直到 1760 年工业革命后，各地商人才陆续组建起地方银行。1750 年，伦敦城外的地方银行只有十几家，随后便快速增长，1784 年为 120 家，1797 年为 290 家，1800 年为 370 家，1810 年至少有 650 家，1820 年时总数已超过 780 家。[②] 在乡村地区，一些谷物商和农场主也开始涉足银行业务，如威尔士地区的畜牧商就建立起"黑公牛银行""黑绵羊银行"等。工业化开始后，一批企业家，如阿克莱特、威尔金森、沃克斯、瓦特等也建立起自己的银行。这些企业家之所以热衷银行业，一方面，是因为他们可以通过自己的银行获取现金，以发放工资及从

---

① 〔英〕克拉潘：《现代英国经济史》（上卷第一分册），姚曾廙译，商务印书馆，2011，第 334 页。
② 〔法〕费尔南·布罗代尔：《15 至 18 世纪的物质文明、经济与资本主义》，施康强、顾良译，生活·读书·新知三联书店，2002，第 703 页。

事支票兑现业务；另一方面，便于为其日益增长的资本找到投资渠道。部分地方银行由于实力雄厚、信誉度高而一直维持下来。例如，钢铁巨头桑普森·劳埃德和他的合伙人泰勒于1764~1765年在伯明翰创办的银行，后来就演变为今天著名的劳埃德银行；1775年格内家族在诺维奇创办的地方银行，成为今天巴克利银行的前身。①

地方银行除了开展存贷业务外，还有另一项重要业务——发行纸币。虽然当时英国金融市场上英格兰银行发行的纸币处于主导地位，但它发行的纸币并不能受到所有地区群众的欢迎，比如，在北部各郡，人们就会尽量避免接受或使用英格兰银行的纸币。② 这为地方银行发行纸币提供了空间。虽然地方银行承诺随时接受将其发行的纸币兑换成金币，但这类纸币也仅在本地流通，其认同度在本地范围之外显著降低。总体来说，地方银行的业务范围比较狭窄。

1708年的新英格兰银行法令禁止成立6人或6人以上的私人股份制银行。一方面，这大大促进了小型地方银行的建立和发展；另一方面，这又造成了地方银行规模小以及抗风险能力差的劣势。尤其是在面临经济危机或金融危机的时候，它们很容易因贷款不能及时收回而造成经营困难，甚至破产。1823年英国兴起了一股投机浪潮，其间大概成立了600家新的股份公司，其中很

---

① 刘金源：《论18世纪英国银行业的兴起》，《历史教学》（下半月刊）2013年第7期，第37~41页。
② 〔英〕克拉潘：《现代英国经济史》（上卷第一分册），姚曾廙译，商务印书馆，2011，第33页。

大一部分以鼓吹南美洲贸易的美好前景来招股集资。不少地方银行也向这些公司发放了贷款,所以很多地方银行在 1825 年危机时无法按期收回贷款。很多地方银行在没有足够黄金储备的情况下增发了银行券,导致了 1825 年英格兰地区银行的倒闭风潮,其中 37 家乡村银行倒闭。地方银行发展的不稳定性逐渐引起人们的关注,直至 1826 年英国议会通过新银行法令,开始有条件地批准在伦敦以外地区创办股份制银行。[①]

四 私人银行

18 世纪,伦敦是英国的金融中心,有很多私人银行(Private Bank)在伦敦市场比较活跃。私人银行可以追溯到都铎王朝和斯图亚特王朝时期,远早于英格兰银行。起初,伦敦伦巴德大街上的一些金匠、珠宝店铺经营资金保管业务,商人或市民为了保障资金安全将资金存入金匠店铺,这些店铺不需支付利息,但要保证可以随时提取;金匠店铺通过将存款向商人贷款获得收益。直到 17 世纪中叶以后,金匠店铺为竞争存款才开始支付利息。18 世纪前,金匠店铺只是兼营银行业务,私人银行也处于萌芽阶段;18 世纪之后,经济社会的发展以及资本流转的加速促使金匠店铺转变为私人银行,金匠也成为专职银行家。1725 年,私人银行仅有 24 家,到 1800 年已经发展为 70 家。

私人银行可以根据地理位置和业务范围大致分两类:伦敦西区的银行和伦敦城的银行。伦敦西区的银行靠近议院,即靠近绅

---

① 安月雷:《从私人银行到中央银行:试论 18 世纪英格兰银行职能的转变》,硕士学位论文,华东师范大学,2009。

士和贵族的住宅区。这种银行极少同商人有业务往来，这些绅士、贵族甚至认为他们的地位与商业有关而受损。因此伦敦西区的银行不涉足商业汇票的贴现等商业活动，主要为贵族、乡绅及富裕的绅士做抵押或透支放款。伦敦城的银行位于金融中心区，在私人银行中占主导地位，主要经营政府债券以及英格兰银行、东印度公司和南海公司的股票，为工业家及商人的汇票或支票贴现，向股票经纪人提供短期贷款，向各类工业家及商人提供不超过一年的短期贷款。私人银行因为不经营长期贷款，能够保持较高的黄金储备，从而可以更好地应对可能发生的挤兑。另外，工业革命促使伦敦城的私人银行迅速扩张了一项业务——充当各地方银行的代理行。地方银行需要有一个在伦敦的代理机构，为其处理与资金流通有关的各项业务，其中最主要的一项业务就是开展地方银行之间的票据结算及贴现，这项业务逐渐由伦敦城的私人银行代理，这使私人银行和地方银行紧密相连。所以，地方银行出现挤兑时，伦敦城的私人银行才会及时予以支持，从而避免地方银行倒闭。

经过长期的发展，英格兰银行、地方银行和私人银行在规模和业务范围上均有长足进展。英格兰银行在18世纪完成了向中央银行的转化，成为世界上最早的中央银行，承担起为政府服务以及充当商业银行的银行等职能，具有"发行的银行、银行的银行、政府的银行"的特点；地方银行在全国范围内的快速发展，促进了区域资本流通以及资本的跨区域流转；私人银行通过充当地方银行的代理，直接与地方银行建立了联系，间接促进了地方银行之间的联系，从而形成了覆盖全国的银行网络。最终，各类银行的蓬勃发展使英国初步建立了覆盖全国的银行体系，英国的银行业基本成形。

从事国际金融业务的私人银行家在伦敦金融城取得了更为卓著的成就，在那里，商业银行能够受理大量的业务，且纸币发行量巨大。与之相反，英国的私人储蓄银行业务大幅下滑，反而是在法国和德国，数百家私人乡村银行向各省中小企业提供农业信贷和产业融资而幸存了下来，并使得股份制银行几乎退出了历史的舞台。私人银行在这两种情况下都找到了合适的契机，让自己享有与大银行进行竞争的优势。私人银行家往往为大规模的投资提供资金援助，抓住一切机会，筹集大量资金，故而其在创建新的股份制银行方面先于欧洲大陆所有高级银行成员发挥了决定性作用。他们往往能够对这些新机构保持战略控制权，至少在第一次世界大战爆发之前是这样的——而这次成功，主要还是归因于他们的社会—专业地位及其关系网。从长远来看，国际银行家无论作为私人银行家抑或股份制银行的董事，无疑都证明了他们比乡村银行家更加成功。[①]

五 英国银行业的发展变化

英国的金融体系发展最早，没有已经成熟的经验可以借鉴，因此在不断探索的过程中英国逐渐形成了独特的银行制度。主要表现为分行制和专业化。18 世纪 50 年代，以国债制度的建立为轴心，以银行网络与伦敦证券交易所的早期发展为基本内容的英

---

① Youssef Cassis and Philip Cottrell, *The World of Private Banking*（London：MPG Books Group，2009），p. xix.

国近代金融体系已具雏形。以英格兰银行为代表的银行体系，以伦敦股票市场为核心的证券市场共同组成的近代金融体系的初步形成，是英国得以率先迈入工业化大门至关重要的因素。

所谓英国模式最突出的就是分行制，如伦敦清算银行各总行设在伦敦，分行遍布全国各地。分行制的形成可以说是由英国银行早期发展的两个趋势而兴起的，即合股银行的发展造成了私人银行的衰退以及银行合并。

最初，英格兰典型的银行是私人银行，即由一个人独资或少数人合伙经营的银行。它们一般规模很小，大多只在当地乡镇经营。在很长一段时期内，英国政府不允许设立英格兰银行以外的其他股份公司性质的银行。19世纪20年代的银行业危机促使新法案的颁布，政府开始允许在伦敦以外设立股份制银行。股份制银行实力较雄厚，能在不同地方设立营业处，[①] 股份制银行设立的分行越来越多，导致私人银行不断减少——1826年以前几乎所有银行都是私人银行，1850年私人银行只占银行总数的77%，1913年甚至只占41%。而分行数日益增多的股份制银行不断发展，到第一次世界大战前，已拥有98%的营业处，成功地占据了英格兰银行与威尔士银行业的统治地位。

然而，发生在19世纪中叶的体制改革却是一个漫长的过程，这恰恰是因为那一时期金融尚不稳定，私人企业在一些地区仍然占据主导地位或具有举足轻重的力量的缘故。在货币市场方面，一些企业贴现银行不再受理大部分的业务，只保留了

---

① 19世纪80年代，伦敦及地方银行已在各地设有80个营业处的庞大分行网络，英格兰国民地方银行则设有150个营业处。

十几种现场可以操作的业务；而在国内商业银行业务方面，伦敦私人银行一直坚持到1890年才进行体制改革。这一时期，海外企业银行和融资公司一波又一波地不断涌现。后者积极活跃在企业推广和铁路融资上，但大多都是些短期的二流业务，终是没能挤进商业银行仍然保留下来独有的外国贷款和国际承兑汇票业务的门槛——这是设法最终保留了"私人银行"形式的唯一一类银行。资料表明，正是这一业务模式的发展导致了私人银行的最终消亡。大型商业银行，尤其是英国的大型商业银行，都是在大量私人银行一体化进程中形成的，例如，国民西敏寺银行集团就是合并了100多家银行形成的，该银行现在是苏格兰皇家银行集团旗下银行。①

同时，银行的合并运动更有力地推进了分行制的发展。银行的合并不仅表现为早期股份制银行吞并私人银行，使其成为自己的分行，而且股份制银行之间也有吞并与收购发生。最终生存下来的银行分行规模大增。结果银行数量不断减少而分行数量却急剧增加。到1921年，最大的一家伦敦清算银行经营着7500个以上分行。

英国模式的另一表现是专业化银行，这种专业化又推广到其他金融中介。严格区分商业银行、储蓄银行与投资银行。传统上的清算银行（英国的商业银行）对企业只能做短期融通（主要是所谓自动清偿贷款）而不能做长期放款。它们统治着短期存贷市场和支付系统，但直到20世纪初，它们还极少通过购买公司股

---

① Youssef Cassis and Philip Cottrell, *The World of Private Banking* (London: MPG Books Group, 2009), p. xix.

票和债券等形式对工商业进行直接投资。而为企业进行长期融资是其他专业机构的职能，因此当长期资金需求增大时设立了许多新的专业机构。如 1928 年设立的农业抵押公司；1945 年设立的工业金融公司和工商业金融公司，后来二者合并组成产业金融公司，并附设专门为高技术融资的部门；1977 年设立的产业股份资本公司，专门为股票未上市的公司以及已上市的小公司筹集股本。

对个人的金融服务一样具有专业化的特点。商业银行忽视了小额储蓄，无法满足个人对金融服务的需求，因此就要求各种储蓄银行为家庭提供专门服务。

六　证券市场的形成发展

1688 年"光荣革命"之后，对外贸易的迅速发展刺激了股份公司的大量出现。1695 年已经有 100 家股份公司成立，资本总额达 450 万英镑。18 世纪，南海公司的成立及其股票价格的飙升又引发了一股设立股份制公司的新浪潮，仅 1719 年 9 月至 1720 年 8 月新成立的股份公司就有 195 家。[①]

国债制度的建立，以及股份制公司的蓬勃发展，使债券和股票交易的规模越来越大，因此出现了专门进行证券交易的场所。17 世纪 30 年代之后，伦敦的证券与股票交易逐渐发展起来。1669 年，托马斯·格雷欣在伦敦市中心创建了伦敦交易所，后称"皇家交易所"。此外，伦敦的小酒馆、咖啡馆长时间以来都

---

① 〔美〕查尔斯·金德尔伯格：《西欧金融史》，徐子健译，中国金融出版社，2007，第 209 页。

是为人们所接受的交易场所。早期皇家交易所的投机主要集中在商品货物上，是时，伦敦股票市场尚不成熟，例如，皇家非洲公司的股票平均年周转量只有 16000 英镑（在股票市场上的流通），而这家公司在 1671 年就有 11 万英镑的资产以股票的形式掌握在 200 多名股东手里。

在查理二世统治的最后几年里，股份公司得到了长足发展，1692~1693 年，股份公司加速发展。当时，"有大约 140 家英格兰和苏格兰的股份公司上市，一个成熟有效的股票市场开始形成了"。1695 年，国家债券、东印度公司、英格兰银行等股份公司的股票和债券已经能够在皇家交易所繁忙而有序地流通了。

七　英国的金融监管

19 世纪，英国经济的快速发展带动了私人银行的发展，当时所有的商业银行都可以发行纸币，却没有监管措施，银行发行纸币只有纸币票额的限制，可以随意缩减或增加纸币供应量，因而常常造成纸币发行量远超流通领域中的实际需求量。不仅如此，银行使用透支汇票引起了信用膨胀，造成了币值的混乱，银行倒闭现象开始增多。为了稳定金融秩序，借以维护整个经济秩序的正常运转，1833 年英国议会通过一项法案，规定只允许英格兰银行一家银行拥有纸币发行权。

1844 年英国议会通过了《银行法》，这是英国经济法起步的重要标志之一。该法律规定，从此以后不准英格兰银行之外的其他银行发行银行券，英格兰银行发行的银行券具有法定货币的地位，由此控制英国的金融秩序。《银行法》的颁布确立起英格兰银行作为中央银行的地位。中央银行制度的建立意味着英国开始确立自己的宏观调控制度体系，《银行法》的颁布则意味着英国宏观调控法体系的开始建立，但此时的英格兰银行仍然具有浓厚的商业银行色彩。

1946年的《英格兰银行法》正式承认了制定和实施货币政策是政府的责任，英格兰银行有责任对货币政策提出独立建议并负责执行。英国议会于1979年4月通过并颁布了《英国银行法》，这是英国有史以来第一部完整的银行法。这部银行法的宗旨在于保护存款人的利益，确保金融体系的安全，维护社会公众的利益。该法律强调英格兰银行对二级银行的监管，采取二级承认制度，将银行分为承认银行和许可存款机构，并对英格兰银行的监管权力做了详尽的规定，主要有以下几个方面：①授权英格兰银行审查和批准金融机构的设立；②英格兰银行有权对其颁发牌照的所有银行行使监督检查权；③设立存款保护基金。该法规定了两级牌照制，即一切经营存款的金融机构都必须向英格兰银行提出申请，登记注册，经审核后由英格兰银行颁发牌照。牌照分两种，一种是"获准接受存款机构"，另一种是"被承认银行"。另外，伦敦证券交易所对上市公司具有审批权，国际保险业鼻祖劳埃德社对保险从业人员准则具有制定权，财政部具有保险立法权。

1997年英国对金融监管体系实施重大改革。其一是调整英格兰银行作为中央银行的功能，授予其调整利率等货币政策的决策权，而以前调整利率等必须取得财政部的同意；其二是撤销英格兰银行监督商业银行的责任，合并现有的8个金融监管机构，改由证券投资管理委员会统管，在 1998 年已明确由金融服务局（Financial Service Authorities）统管；其三是英格兰银行原有的政府债券管理、出售金边债券、监察债券市场与现金管理的责任，均转移至财政部。组建金融服务局对所有金融机构和金融市场实行综合监管，使信息传递更为迅速，交流更为充分。[①]

[①] 辛立秋:《中国银保合作研究》，博士学位论文，东北农业大学，2004，第 105 页。

第六章

德国金融组织的变迁

一 私人银行的崛起与银行业的发展

19世纪初，私人银行的角色和职能依赖于它们经营区域的特殊性。尽管德国当时经济落后，但其银行业的发展已经展露出领先于其他行业的趋势，只是暂时尚不适合工业和贸易融资。1834年以前，德国的经济如同其领土一般支离破碎，与其他西欧国家相比，显得更为衰败和落后。维也纳国会重建德国版图时，新的德国已经在破产的边缘。长期的分裂也意味着货币制度的混乱，数百种不同类型的铸币在德国流通，给长途贸易带来了极大的汇兑风险。因此，贸易中的支付结算通常需要专业人员或机构的辅助才能顺利完成。外汇交易的日渐繁荣给法兰克福银行业带来了巨大的市场，令法兰克福逐渐发展为欧洲金融中心之一。

19世纪30年代中期，德国的铁路公司已经证明铁路建设有利可图，发现铁路不仅可以加快货物和旅客的运输，降低运输成本，而且能为潜在的投资者带来丰厚的回报。当时，资本并不稀缺，但富裕的公众对投资铁路公司的股票尚存疑虑，而且，在铁路发展初期，德国政府对私人铁路并不支持。这使得德国的铁路公司陷入了融资困境。法兰克福银行家很快就意识到铁路业务的潜力，并于 1836 年成立了银行家委员会，计划投资建立第一条环法兰克福铁路。但是，事情的发展并不尽如人意，只有少数银行业的后来者对这种新的交通方式产生了兴趣。

要促成银行业与铁路建设的共同发展，银行家和富有的地主之间的个人联系是至关重要的。土地改革后，大地主手中掌握着大量的资金，自然而然地向银行家寻求有关个人资产投资的建议。然而，当时已有的投资机会多为政府贷款和抵押债券，均存在回报的不确定性或涉及高风险。当富裕阶层在银行家的建议下投资铁路时，他们与铁路参与委员会的银行形成了共同的利益，因此，他们之中有影响力的威斯特伐利亚贵族向政府施压要求其参与到铁路融资之中，以减少自身认购铁路股票的风险。

普鲁士以外地区的情况则有所不同。富裕阶层对股票投资十分排斥，因此政府在需要修建铁路时必须自行筹资和建设，从而不得不求助于法兰克福的资本市场。这使法兰克福的银行家以一种间接的方式参与了铁路融资。尽管法兰克福主要银行和铁路建设之间由此形成了密切的联系，但几乎没有任何银行直接参与铁路建设，它们更看重的是借此与政府保持良好的合作关系。

通过铁路融资，科隆和柏林的私人银行试图通过业务多样化来达到分散风险的目的，将服务对象扩展到更为广阔的工业领域，从而发展出早期的混合银行业务。当一个银行家发现新工业的巨大潜力，他将倾囊而出，这使银行家的命运和他的工业客户紧紧地绑定在一起。而法兰克福的银行表现出更为保守和规避风险的作风，为了更为稳妥地保护和管理银行资产，它们不愿投身于工业时代的洪流之中，选择放弃了这个新兴市场。从金融史的角度看，这可能是法兰克福这一金融中心走向衰落的原因之一。就短期而言，工业企业融资所涉及的风险是巨大的，有时甚至威胁到银行本身的生存。德国工业化进程中的"银行业英雄"几乎都曾因其工业客户陷入经营困境而濒临破产。但是，从长期来看，这些富有进取精神的科隆和柏林的银行家被证明是明智的，因为工业化的到来犹如利剑出鞘，势不可挡。

那些决定坚持自己对工业和运输业兴趣的人还有另外一个选择，即参与客户公司的管理。在亚伯拉罕·奥本海姆（Abraham Oppenheim，见图6-1）加入莱茵铁路公司的案例中，高级合伙人亚伯拉罕·奥本海姆已成为执行董事，并因此将该公司董事和其银行家的双重身份集于一身。利益冲突是不可避免的，股东和银行家双方都渴望摆脱这种连锁立场。奥本海姆因为集银行家、董事两种职能于一身，本身过于强势，所以非银行企业拥护独立的执行董事会。另外，当银行家由于投资机会越来越多而进入多元化风险处境后，他们就不再处于需要按照执行董事的要求花费太多时间的境地。正好相反，他们将自己的工作限定在了发挥监督作用上。

图6-1　亚伯拉罕·奥本海姆
（1804～1878年）
资料来源：https://en.wikipedia.
org/wiki/Abraham_ Oppenheim。

　　许多银行家在使自己的业务活动更加多样化后，董事会的代表权也更加多样化，即他们中的一些人"收集"了监事会席位并在银行和多达 20 个工业企业间构建了个人联系网。管理层认为，银行家不仅在有需要时是确保注资资本和信贷的必要条件，而且是商业和金融事务中最有价值的顾问以及商业、经济和政治信息的来源。

　　自 19 世纪中叶开始，铁路公司和重工业企业得到了很大的发展，然而银行家的资源只是勉强通过客户存款进行补充，所以开始无法满足大产业的需求。许多银行家都意识到了这个问题，于是开始采取措施向政府争取股份制信贷银行特许权。然而德意志国家（特别是普鲁士）根本不愿意放宽股份制立法，并且由于工业股份制企业特许权只是得到了勉强的承认，到 19 世纪 60 年代，银行特许权几乎全被否决了。

　　股份制银行是由现有的私人银行转型而成的——在某些情况下，是因为拥有有限资源的家族企业已经无法承受其客户对资本和信贷的需求，有时候是高级合伙人退休后，该家族不再能够提供有能力的继任者。

　　史法豪森银行（Schaaffhausen'scher Bank）是普鲁士第一家股份制信贷银行，成立于 1848 年亚伯拉罕史法豪森私人银行出事之后，曾经是科隆首要的银行。史法豪森银行在 19 世纪 30 年代开始投资莱茵产业，起初是向纺织企业发放短期贷款，但后来也向航运和铁路公司、保险公司和煤矿企业发放长期贷款。如上所述，这些业务都涉及相当大的风险，于是史法豪森银行不得不在 1848 年 3 月法国革命浪潮开始冲击科隆时暂停支付业务。幸运的是，法国革命让莱茵铁路企业家在柏林掌握了政权，他们暂时解除了对股份制银行信贷特许权的禁令，并批准通过将私人史法豪森银行的债务转换为股票来创立史法豪森股份制银行。之前的私人银行和新的股份制银行之间的连续性是显著的。此时，股份制银行还不是现代意义上的"管理型企业"，而是扩大了的私人银行。银行业务负责人作为一个特定的职位在银行取得成功的道路上至少起到了像扩大了的资源那样至关重要的作用。因此，在失败的私人银行基础上创立的其他股份制银行也会求助于前合伙人就不足为怪了。

不可否认的是，法国信贷公司被视作继史法豪森银行之后成立的德国信贷银行的样板，然而，一些私人银行家所获得的混合银行业务的经验也证明是新兴全能银行取得成功的决定性因素。与史法豪森银行和 Barmer 银行相比，这些创建工作可以解释为一次尝试，即将这些对于私人银行来说已经变得太大了的业务的某种形式卡特尔制度化。因此，这些银行家与其股份制银行之间的关系或多或少是密切的，银行家在所有辛迪加协议中仍然保持有影响力的地位，并留有充足的配额。在国际集团中，他们的外国合作伙伴有时甚至拒绝新型股份制银行参与开展业务，而只与现有的私人银行合作。总之，19 世纪 30～80 年代这段时期可以视作德国私人银行业的"全盛时期"。

直至第二次产业革命之际，德国的银行业主要由私人银行家组成，其资产总额远超中央银行，几乎相当于其他类型金融组织的全部资产之和。表 6-1 反映了自 19 世纪中叶私人银行家独步武林的局面，可以看出，与任何其他类型的金融机构相比，私人银行都具有压倒性的规模优势。然而，19 世纪末 20 世纪初，德国银行业经历了巨大的行业变革，私人银行家的霸主地位被迅速削弱。到 1913 年，股份制银行取代私人银行家占据了大部分商业银行业务，私人银行家仅存少量市场份额。一些私人银行开始效仿股份制银行的经营模式，试图顺应发展潮流，以求东山再起。[①]

表 6-1 德国金融组织资产情况

金融组织	1860 年	1880 年	1900 年	1913 年
资产（10 亿德国马克，以 1913 年为基期计算）				
中央银行	0.95	1.57	2.57	4.03
大型全国性银行	0.39	1.35	6.96	8.39
区域性银行	—	—	—	13.65
私人银行家	1.50	2.50	3.50	4.00
专业性商业银行	—	—	—	0.98
地方性储蓄银行	0.51	2.78	9.45	20.80
中央储蓄银行	—	—	—	1.76
地方性信用合作社	0.01	0.59	1.68	5.73
中央信用合作社	—	—	—	0.47
私人抵押贷款银行	0.04	1.85	7.50	13.55
公立抵押贷款银行	0.68	1.76	4.05	7.20
人寿保险公司	0.07	0.44	2.42	5.64
财产保险公司	—	0.35	0.83	2.05
社会保险机构	—	—	0.87	2.44
全部金融机构合计	4.15	13.19	39.83	90.69

---

① Caroline Fohlin, *Finance Capitalism and Germany's Rise to Industrial Power* (Cambridge: Cambridge University Press, 2007), pp. 66-68.

金融组织	1860 年	1880 年	1900 年	1913 年
占比（%）				
股份制银行/全部金融机构	9.4	10.2	17.5	24.3
股份制和私人银行/全部金融机构	45.5	29.2	26.3	28.7
金融机构资产总额/GNP	40.0	73.0	114.0	158.0
股份制和私人银行/GNP	18.2	21.3	29.9	45.4

资料来源：Raymond W Goldsmith, *Comparative National Balance Sheets: A Study of Twenty Countries, 1688-1978* (Chicago: University of Chicago Press, 1985); Brian Mitchell, *International Historical Statistics: Europe, 1750 – 1988* (London: Macmillan, 1992); Caroline Fohlin, *Finance Capitalism and Germany's Rise to Industrial Power* (Cambridge: Cambridge University Press, 2007)。

与此同时，股份制银行的崛起也十分令人瞩目。1860 年，股份制银行的资产总额在全部金融机构资产中的占比仅不到 10%，占当期国民生产总值（Gross National Product，简称 GNP）的比例约为 4%。这表明当时的德国金融系统并未形成成熟和完善的结构，也尚未对经济增长，尤其是商业活动，发挥强有力的推动作用。此后的半个世纪，随着德国股份制银行的迅猛发展，金融机构规模日益扩大，其资产总额占国民生产总值的比例持续增加。1913 年，股份制银行总资产已经占全部金融机构资产的近 1/4，股份制银行和私人银行的资产之和是当期国民生产总值的近一半。银行业的发展，尤其是股份制银行的兴起，对德国的早期工业化进程意义重大，起到了积极的作用。①

① Caroline Fohlin, *Finance Capitalism and Germany's Rise to Industrial Power* (Cambridge: Cambridge University Press, 2007), p. 68.

1860~1880 年是德国的银行业高速发展的黄金时期。即使考虑到人口的增长和整个德国经济体运行效率的提高，银行业的扩展也仍然十分显著。在第一次世界大战（1914~1918 年）爆发前的 30 年中，德国人均银行资产从不到 100 马克增长至 450 马克；股份制银行资产总额占国民生产净值（Net National Product，NNP）[①] 的比例以每年近 5% 的速度持续增长，从 10% 增长至近 40%。[②] 而且，考虑到德国当时存在以农业生产为主的地区，而股份制银行和私人银行均与商业活动关系更为密切，主要分布于非农业地区，因此，以经济总量作为参照物衡量银行业的规模和发展其实可能低估了银行业对早期工业化进程的作用，以股份制银行兴起为主要表现的德国银行系统的发展对贸易和工业的影响可能比上述数据所能描述的更为深远。[③]

二　现代银行体系的建立

现代银行体系的基础是 1871~1914 年由德国建立的，当时"全能银行"成为德国银行业的标志。德国的全能银行所提供的金融产品十分广泛，但银行对客户具有一定的选择性。因此，德国大多数中产阶级和工人阶级依赖储蓄银行和合作银行提供的基本金融服务。在整个战争期间，商业银行、专业银行、储蓄银行和合作银行

[①] 国民生产净值，指一个国家的全部国民在一定时期内，国民经济各部门生产的最终产品和劳务价值的净值，等于国民生产总值减去固定资产折旧后的余额。

[②] Caroline Fohlin, *Finance Capitalism and Germany's Rise to Industrial Power*（Cambridge：Cambridge University Press，2007），pp. 69~71.

[③] Charles P. Kindleberger, *A Financial Histroy of Western Europe*（London：George Allen & Uniwin，1984）；Gary Herrigel, *Industrial Constructions：The Sources of German Industrial Power*（London：Cambridge University Press，1996）.

被合并成一个国家的银行系统，开启了德国金融体系的新纪元。

20世纪初，德国的银行体系是一个由多种不同的金融机构组成的集团，包括股份制银行、私人银行公司、抵押银行、国有银行、储蓄银行和信用合作社。对不同的银行类型的划分由法律规定、所有权性质和企业结构等因素共同决定。

德国银行系统的核心是成立于 1875 年的国家银行（Reichsbank），其行使中央银行的职能，运行的主要目的是维护金本位制。逐渐的，由于政府对经济调控的需要，德国国家银行被赋予了金融监管部门的权力，协助德国从现金经济过渡到银行经济。当时，德国的银行在黄金储备不足的情况下堆积了庞大的债务和存款，整个金融体系极易受到外部冲击的影响。在经历了 1907 年经济危机之后，德国国家银行提出，在现代货币体系中，中央银行应该作为最终贷款人通过贴现窗口或公开市场购买向商业银行发放紧急贷款，以防止由恐慌引起的货币存量的收缩，同时也应引导和控制银行体系，维持货币稳定。[1] 之后，德国国家银行逐渐发行了多版纸币，其于 1908 年发行的面值 100 金马克的纸币如图 6-2 所示。这确立了德国国家银行的本质属性和发展方向。

德国商业银行被称为"全能银行"，因为其所提供的金融服务比英、法、美等国的银行业务范围更为广泛，服务涵盖短期银行、资本市场业务、经纪服务和物业管理等方面。[2] 但是，德国

---

[1] Deutschland Bankenquete, *Stenographische Berichte: Die Verhandlungen der Gesamtkommission zu den Punkten des Fragebogens* (Berlin: Mittler, 1909).

[2] Manfred Pohl, *Entstehung und Entwicklung des Universalbankensystems: Konzentration und Krise als wichtige Faktoren*, Vol. 7 (Frankfurt: F. Knapp, 1986).

图 6-2　Reichsbank 于 1908 年发行的面值 100 金马克的纸币
资料来源：https：//en. wikipedia. org/wiki/ wiki/Reichsbank。

的银行不是投资公司，它们的资产几乎全部由短期垫款、商业票据和银行汇票组成。银行可能持有证券赚取投机性利润，影响股票和债券价格，或施加经济控制，但在当时，这些并非银行的主要活动，也通常不会给其资产带来重大影响。例如，1913 年，德国银行所持有的证券仅占其总资产的 10%。[1] 德国全能银行的投资业务依赖于银行体系与资本市场的紧密共生，银行业的扩张伴随证券市场的发展。银行协助企业进行营销活动，安排收购和兼并，承销股票和发行债券。作为借款人和投资者之间的中介机构，银行还为证券交易提供全方位的经纪服务。[2] 因此，德国银行的主要收入来自手续费和经纪服务佣金。1913 年，德国银行总收入中 55% 是利息收益，32% 来自中介服务，13% 属于股息。[3]

　　德国的商业银行与企业一直有着密切的联系，其主要业务

---

[1]　Deutsche Bundesbank, *Deutsches Geld-und Bankwesen in Zahlen 1876-1975* (Frankfurt am Main：1976).

[2]　Siegfried Hirsch, *Die Bank, ihre Geschäftszweige und Einrichtungen* (Berlin：R. Wichert, 1929).

[3]　Untersuchungsausschuss für das Bankwesen, *Untersuchung des Bankwesens 1933* (Berlin：Heymann, 1933), pp. 1, 2, 212-213.

包括短期信贷、票据交易、银行汇票、外贸融资以及控制资本市场。但是，德国商业银行的核心竞争力并非来自上述业务，而是基于它们对股份制公司的控制。无论是否持有公司股票，商业银行都可以通过信任投票（Depotstimmrecht）影响公司决策，而这种投票权的存在通常是由于公司股东把他们的选票委托给管理其投资组合的银行。这种现象被视为金融资本的一种具体表现，换言之，银行向工业企业提供资本的同时控制着资本的使用，其结果是德国主要的商业银行实质上主导着整个德国的经济发展。[①]

德国全能银行并不是万能的，其业务范围也有无法涵盖的领域，例如，全能银行不提供房地产信贷，这种服务只能由特殊的专业型银行完成。自1899年以来，抵押贷款业务与商业银行在法律上实行分离。抵押贷款银行能够发行特权债券，却不能从事风险性更高的短期商业银行业务；商业银行也不能涉足抵押贷款银行的服务；只有极少数几家银行被允许在进行商业银行业务的同时继续保留传统的抵押贷款业务，这类银行被称为混合型银行，其代表包括巴伐利亚抵押和汇兑银行（Bayerische Hypotheken-und Wechselbank）。

工业的发展必然带来城市房地产信贷业务的增长，因此，房地产信贷业务是一个不断扩张并且潜力巨大的市场。德国的房地产信贷主要由国家银行和省级银行提供，这些国有银行与商业银行、私人抵押贷款银行有着不同的经营理念，它们以公众为导

---

① Rudolf Hilferding, *Das Finanzkapital: Eine Studie über die jüngste Entwicklung des Kapitalismus* (Ignaz Brand Verlag, 1910).

向，而不是以营利为经营的唯一目标。一些国家银行和省级银行也与私人抵押贷款银行一样发行特权债券，但其主要业务是政府财政和长期信贷，特别是农业贷款。这些国有银行在农业贷款市场上占据了最为核心的地位，影响力巨大，1913年德国全部农业贷款中，有90%来自此类银行。[①]

德国的储蓄银行被视为非营利组织，在意识形态上反对资本主义世界的商业银行。一般来说，储蓄银行是市政管理的一部分，直到1931年才拥有独立的企业法人身份。储蓄银行的职能是通过接受储蓄和保守地投资于抵押贷款或政府信贷，服务于广大公众的利益。相比其他银行，储蓄银行业务的发展和开拓略晚一些。德国于1908年修订的支票付款法规定，如果当地州政府对相关法规进行补充和完善，那么其管辖范围内的储蓄银行可以向客户提供开办支票账户等支票相关服务。1909年，普鲁士成为德国允许储蓄银行开展活期账户、支票、转账等业务的第一个州。由于储蓄银行业务仅限于德国国内金融市场，储蓄银行必须广泛开展区域性和全国性合作，构建地方性和全国性机构，以方便现金和支票转账等业务的进行，提高资本流动性，促进合作各方积极沟通和共同发展。[②]

合作银行是一种地方性的金融组织，开设于城镇、社区和村落之中，其经营策略强调稳健而非暴利，成员通常需要承担无限责任，虽然成员对合作社资本持有的股份比例不同，但每个成员

---

① Hermann Bente, *Das Eindringen des Staates und der Kommunen in das Bankwesen* (Berlin: Dr. d. Reichsbank, 1933), p. 1.

② Günter Ashauer, "Von der Ersparungscasse zur Sparkassen-Finanz-gruppe," *Die deutsche Sparkassenorganisation in Geschichte und Gegenwart*, (1991).

在行使权利时具有平等的地位，这排除了财富和权势对合作银行决策的影响。① 如表 6-2 所示，1913 年，德国的合作银行就已达18557 家。

表 6-2　德国银行数量（1913~1936 年）

单位：家

银行类型	1913 年	1925 年	1929 年	1938 年
商业银行	352	402	296	199
私人银行	1221	1406	1100	491
储蓄银行	3332	3262	3235	2558
合作银行	18557	20977	21499	19076
特殊银行	79	77	87	80
总计	23541	26124	26217	22404

资料来源：Deutsche Bundesbank, *Deutsches Geld-und Bankwesen in Zahlen 1876-1975* (Frankfurt: Knapp, 1976), pp. 82-121; Untersuchungsausschuss für das Bankwesen, *Untersuchung des Bankwesens 1933* (Berlin: Heymann, 1933)。

　　从世界金融史的角度来看，合作银行和全能银行是德国最具特色的两种金融组织。合作银行的崛起归功于德国中产阶级的传统思维模式，其典型成员是农民、独立的手工艺人和小商店店主，而这些阶层都对进入资本主义市场经济心存抵触情绪。经济扩张逐渐侵蚀传统价值观，农村合作社这种形式局限在当地村镇较小的范围之内，显得保守而不激进，亲切而不陌生，更容易被德国中产阶级所接受。只是仅限于本村的小范围还很保守。作为农村合作化运动的先驱，弗里德里希·威廉·莱弗森（Friedrich

---

① Arnd Holger Kluge, *Geschichte der deutschen Bankgenossenschaften: zur Entwicklung mitgliederorientierter Unternehmen* (Berlin: Frankfurt am Main, 1991).

Wilhelm Raiffeisen）强烈提倡分权，认为合作范围不应超出当地村里的教堂尖塔的半径。[1] 因此，德国农村有成千上万的农村合作银行。1913 年，德国的农村信用合作社多达 17000 家，为德国的农业商业化和经济现代化贡献着力量。[2]

如表 6-3 所示，不同银行集团间的对比表明，包括私人银行企业在内的商业银行在 1913 年掌控的资产不到银行体系总资产的 1/3。这种对比显然低估了商业银行的金融实力；不管是商业银行对资本市场的控制，还是其与抵押银行的资本联系均未反映在银行体系的资产结构中。然而，德国的经济增长明显在很大程度上并不是得益于全能型银行，而是通过储蓄银行、合作银行和特殊银行提供的资金实现的。

表 6-3　德国银行结构（1913~1938 年）

单位：%

银行类型	1913 年	1925 年	1929 年	1938 年
商业银行	31	49	33	15
特殊银行	27	17	26	29
储蓄银行	33	19	31	45
合作银行	9	15	10	11

注：表中数据为各类银行资产占总资产的比重。

资料来源：Deutsche Bundesbank, *Deutsches Geld-und Bankwesen in Zahlen 1876-1975*（Frankfurt：Knapp, 1976）；Statistisches Reichsamt, *Die Deutsche Zahlungsbilanz der Jahre 1924-1933*（Berlino：Reimar, 1934）。

---

[1] Friedrich Wilhelm Raiffeisen, "Wilh", *Die Darlehenskassen-Vereine*（1866）.

[2] Deutsche Bundesbank, *Deutsches Geld-und Bankwesen in Zahlen 1876-1975*（Frankfurt am Main：1976）, p. 122.

储蓄银行与合作银行的成功得益于商业银行的保守主义，即商业银行把业务重点只是放在了企业融资、政府贷款和富裕人士身上。银行集中度显然加重了这一趋势；在第一次世界大战之前，当时的观察人士就批评了商业银行，认为这些银行偏袒大型工业企业，忽视了其他的经济部门。[①] 历史研究证实，商业银行偏向于大型企业和政府贷款。[②] 大型企业和政府的融资与小型企业和农业的交易比起来，前者的利润率较高，风险也易于评估，或者至少看起来是这样的。

储蓄银行和合作银行的崛起表明了新兴金融市场的增长潜力，而这是商业银行力所不及的。储蓄银行和合作银行填补了一个空白，占领了较大的细分市场。随着其重要性不断提高，它们摆脱了旧的家长作风和慈善思想，成为"中产阶级银行"。[③] 商业银行并没有把储蓄银行或合作银行视作竞争对手，因此也就没有尝试将其纳入卡特尔协议中。

第一次世界大战之前，德国银行业得到了极大的发展。1913 年，德国拥有 23544 家银行及 25500 家银行单位，包括储蓄银行与数千家小额信贷合作社，它们或是银行，或是分支机构。银行体系总资产在 1913 年达到了约 710 亿马克。当时的商业银行还不是我们今天所熟知的普遍存在的国家机构；但是储蓄银行和信贷合作社已经把银行设施带到了小城镇和村庄里。

---

① Ludwig Eschwege, "Hochfinanz und Mittelstand," *Die Bank* (1908).

② Richard H. Tilly, "German banking 1850-1914: Development Assistance for the Strong," *Journal of European Economic History* 15 (1986): 113.

③ Alfred Kruse, *Der Mittelstandskredit* (Berlin: Fischer, 1941).

1913 年，平均每 2600 名居民就对应有一家银行单位。此外，在所有的城镇和村庄里都实现了转账付款业务，极大地促进了无现金支付的发展。

三 战后"新秩序"与银行系统重建

德国在第一次世界大战中经历了巨大的政治和经济变化，而这些变化对其银行体系产生了深远的影响，德国的银行体系在战争期间发生了结构性的变化。1923 年，德国的货币体系从战争中恢复，并于次年回归金本位制，魏玛共和国[1]进入经济相对稳定的时期，银行体系却存在严重的结构性失衡。[2] 与德意志帝国时期相比，魏玛共和国时期的银行数量更为庞大，由于德国领土的收缩，储蓄银行的数量缩减，其他类型银行的数量有所增加。1925 年，德国有 26130 家银行和 32900 个银行单位，平均每个银行单位服务于 1900 名当地居民。[3] 然而，通货膨胀使银行业务量急剧减少。1924 年末，整个银行系统全部资产总额在考虑了通货膨胀的影响因素后，仅相当于 1913 年水平的 21%。[4]

在饱受战火摧残之后，德国的商业规模大幅缩减，相比之

---

① 1919~1933 年在德国魏玛建立的德意志共和国。

② Theo Balderston，"German Banking between the Wars：The Crisis of the Credit Banks," *Business History Review* 65（1991）：554-605.

③ Deutsche Bundesbank，*Deutsches Geld-und Bankwesen in Zahlen 1876-1975*（Frankfurt am Main：1976），p.102，p.122；Statistisches Bundesamt，"Bevölkerung und Wirtschaft 1872-1972," *Stuttgart and Mainz*（1972）：90.

④ Deutsche Bundesbank，*Deutsches Geld-und Bankwesen in Zahlen 1876-1975*（Frankfurt am Main：1976），p.74.

下，银行系统显得过于庞大和冗杂。① 因此，新建更多的银行机构似乎不合时宜，当务之急是调整银行业结构和适当削减银行规模，以适应新的经济情况和社会形势，促进德国经济复兴。1924年，国有银行 Reichskreditgesellschaft 成立，成为这一时期为数不多的新兴商业银行中最为重要的一家。同时，兼并和收购大大减少了银行的数量。4 年内，有 106 家股份制银行和 306 家民营银行公司退出市场。最著名的两起并购发生于 1929 年，分别是德意志银行（Deutsche Bank）合并德国贴现公司（Disconto-Gesellschaft），德意志商业银行（Commerzbank）合并德国中央信贷银行（Mitteldeutsche Creditanstalt）。这使 Commerz-und Privatbank、Darmstädter und Nationalbank、Deutsche Bank und Discontoge-sellschaft 和德累斯顿银行（Dresdner Bank）成为德国在大萧条前夕硕果仅存的 4 家开设分行的城市性商业银行，另外两家商业银行 Berliner Handels-Gesellschaft 和 Reichskreditgesellschaft 活动范围极小，仅局限于柏林市内。在并购过程中，被接管的区域性银行和私人银行通常转化为分公司，因此，合并和收购并不一定减少银行机构单位的总数量，其主要影响是对银行业行业集中程度和竞争程度的改变。由于各种卡特尔协议都会对利率水平和手续费标准等银行收入加以统一化规定，银行要提高其核心竞争力、增加其市场份额就必须从服务内容和服务质量方面着眼。第一次世界大战后，德国就业人数严重减少，成千上万的银行从业人员加入了失业大

---

① Ernst Walb, *Übersetzung und Konkurrenz im deutschen Kreditapparat* (Berlin: Dr. d. Reichsbank, 1933), p. 1.

军。1925 年，德意志银行经过反复裁员，员工人数下降到 16000
人；1926 年，德累斯顿银行仅有 8600 名员工；1931 年，德国商
业银行员工人数为 8114 人。同时，个别储蓄银行停业或倒闭，合
作银行数量有所增长。储蓄银行被纳入地方政府体系，成为实施
公共服务的机构之一，不再依赖于业务量生存。城市和农村合作
银行由于得到了本地会员客户的强力支持，情况较为乐观，许多
小的农村信用合作社能够以极低的成本雇用兼职人员进行经营管
理。总体来看，这一时期德国有少量新兴银行，银行机构单位总
数减少，到 1929 年共有银行 26221 家和银行单位 32500 个；随着
德国人口的增长，1929 年平均每个银行单位服务于约 2000 个当
地居民。①

　　第一次世界大战后，锐减的实体经济交易量和相对庞杂的银
行体系造成了严重的结构性失衡，因此，金融系统重建和调整成
为银行业发展的首要战略目标。商业银行、储蓄银行、合作银
行、抵押银行等都努力试图恢复其资产规模，尽快从战争阴影中
走出来，实现新一轮增长。与战前相比，不同类型的银行之间竞
争更为激烈，各类型银行经营范围的传统分界线也变得越发模
糊，银行分类的意义被逐步削弱。② 除了 1926 年初和 1927 年初的
两次利率下调时期之外，德国国家银行在大多数情况下均奉行紧
缩的货币政策，以捍卫德国马克的金平价。1924～1928 年，德国

---

① Deutsche Bundesbank, *Deutsches Geld-und Bankwesen in Zahlen 1876–1975* (Frankfurt am Main: 1976), pp. 102, 122; Statistisches Bundesamt, "Bevölkerung und Wirtschaft 1872–1972," *Stuttgart and Mainz* (1972): 90.

② Monika Dickhaus, *Innovationen im deutschen Bankwesen 1918–1931* (Scripta Mercaturae, 1991).

银行的平均利率为 8%。[1] 道威斯计划（Dawes Plan）的实施和金本位制的回归令国际社会对德国经济重拾信心，高利率吸引了大量的资本流入，而这些资本中很多是来自金融体制不同的美国。[2] 1930 年末，德国累计对外负债约为 250 亿马克，其中约 150 亿马克为短期债务。[3] 这些资本中很大一部分用于战后赔偿性转移，事实上，道威斯计划和随后的杨格计划（Young Plan）的实施是建立在外国资本流入基础之上的。1924～1931 年，德国净资本流入约 147 亿马克，其中 111 亿马克用于支付战争赔款。[4] 这种拆东墙补西墙的做法一度被认为是非常危险的行为，前德国国家银行行长亚尔马·沙赫特（音译，Hjalmar Schacht）在其任期内多次表示，德国必须寻求稳定的国际关系以避免其严重依赖于外国资本的货币体系彻底崩塌。因此，德国试图对外债进行控制，防止过犹不及，但国际资本流动的核心在于金本位制，对其强加控制是不切实际的。

除此之外，战争及其带来的通货膨胀彻底改变了银行体系结构。商业银行和合作银行的市场份额进一步扩大，而储蓄银行和抵押贷款银行已经几乎无立足之地。经济复苏的新环境、货币管制以

① Gerd Hardach, *Weltmarktorientierung und Relative Stagnation* (Berlin: Duncker und Humblot, 1976); Harold James, *The Reichsbank and Public Finance in Germany 1924-1933* (Cambridge: University of Cambridge, 1982).

② William C. McNeil, *American Money and the Weimar Republic: Economics and Politics on the Eve of the Great Depression* (Columbia University Press, 1986).

③ Untersuchungsausschuss für das Bankwesen, *Untersuchung des Bankwesens 1933* (Berlin: Heymann, 1933), pp. 1, 2, 462-463.

④ Statistisches Reichsamt, *Die Deutsche Zahlungsbilanz der Jahre 1924-1933* (Berlin: Reimar, 1934), p. 14.

及金融市场的国际化，再次改变了不同类型银行的竞争地位。

商业银行同时担当资本进口和输出的重任，在德国金融市场的国际化进程中表现活跃。国际资本流入主要以德国银行的外国存款形式或德国借款人的外国信贷形式实现。1929年，德国信贷银行的全部存款中有40%属于外国存款。德国银行认为国际业务并非应对战后复兴的权宜之计，而是向货币银行国际化发展的必经之路。因此，它们与外国银行保持密切的联系，不仅吸纳外国资本，也向外国进行资本输出。1930年，德国商业银行的外国债务中有40%是短期资产。[①] 银行业的国际化在当时被认为是促进国家金融发展的一个明显优势，因此，德国银行获得了国内外的广泛赞誉，并以高效而廉价的国际信贷服务著称，通过数量庞大的外国资产维持了银行系统的流动性。

金融国际化促进了商业银行集中度。只有大都市银行和一些著名的私人银行公司才有机会进入国外资本市场。规模较小的银行通常缺乏国际业务所需的声誉、资金、专业知识和技能。大都市银行占有了国际资源，储蓄银行在国内市场进行了大力扩展，这就使得区域性银行的数量严重缩水了。

另一方面，外国银行与德国银行在国际业务中竞争激烈。通过向德国的商业、州政府和城市提供短期贷款，外国银行成为德国银行在本国不容小觑的竞争劲敌。所幸竞争是温和的，因为当时的市场如此广阔，德国和外国银行可以在不过分损害对方利益的情况下同时增加其业务量。金融国际化加速了商业银行集中。

---

① A. Z. U. Erzeugungs, "Und Absatzbedingungen der Deutschen Wirtschaft," *Mittler er Sohn* (1930): 81.

只有大都市银行和一些著名的私人银行才能进入外国资本市场。规模较小的银行通常缺乏国际交易所需的声誉、资金和专业知识。各大银行在国际大都市银行资源之间进行了挤压，储蓄银行在国内市场快速扩张。

资本输入随国内资本市场的大幅重建而增加。当时人们并不是由于供应不足才抱怨信贷短缺的，而是由于通货膨胀在银行业、工业、农业和商业中都留下了巨额的流动性缺口才怨声载道。随着资本市场的重建，商业银行也可以在国内信贷业务中重新发挥中介机构的作用了。国际和国内交易共同提高了商业银行的手续费收入。1929 年，利息为大都市银行的利润贡献了 47%，杂项服务收费贡献了 51%，股息贡献了 2%。而事实上，如表 6-4 所示，大都市银行所持有的资产也占据了商业银行总资产的绝大多数。

表 6-4　商业银行结构（1913~1938 年）

单位：%

银行类型	1913 年	1925 年	1930 年	1938 年
大都市银行	39	50	70	77
区域性银行	37	36	11	12
私人银行	24	13	19	11

注：表中数据为各类型银行资产占商业银行总资产的比例。

资料来源：Deutsche Bundesbank, *Deutsches Geld-und Bankwesen in Zahlen 1876-1975* (Frankfurt: Knapp, 1976), pp: 67-121。

储蓄银行在稳定时期的复苏情况令人印象深刻。它们在大众储蓄出现令人惊讶的复兴现象的基础上进行了金融重建。重返金本位不仅恢复了国际投资者的信心，而且恢复了公众的信心。储蓄银行根植于当地经济，因此能够赢得这一不断扩张的市场的最大份额。储蓄银行自 1921 年初开始就一直在开展一般性的银行业务，除储蓄外，还吸引了短期存款。对于资产负债表的另一方而言，储蓄银行向地方全能型银行的转变就意味着开始改变自己的资产了。抵押贷款的减少在一定程度上得益于活期存款账户预付款的大幅增加。[①]

当时，商业银行、储蓄银行和合作银行之间的竞争备受关注。商业银行扩大了其金融服务的范围，除了它们的传统客户外，还试图吸引新的客户。1927 年，它们开始接受储蓄存款，与储蓄银行展开了竞争；但在这一特定市场上，它们尚未取得成功。[②] 经过几年的意识形态战，商业银行和储蓄银行在 1928 年达成了两家银行集团之间的卡特尔协议。[③]

在大型商业银行将其分支网络延伸到区域银行和地方银行业务领域的同时，储蓄银行和合作银行也增加了各自中央银行的资产，以在区域和国家层面上进行竞争（见表 6-5）。这些机构在本集团成员区际支付和流动性结算上履行了自己重要的服务职能，但如果金融业务对于个人储蓄银行或信用合作社来说过大的话，它们也进入了其定期银行业务。[④]

---

① Charles H. Feinstein, *Banking, Currency, and Finance in Europe Between the Wars* (Oxford: Clarendon Press, 1995), p.280.

② A. Z. U. Erzeugungs, "Und Absatzbedingungen der Deutschen Wirtschaft," *Mittler er Sohn* (1930): 41.

③ Charles H. Feinstein, *Banking, Currency, and Finance in Europe between the Wars* (Oxford: Clarendon Press, 1995), p.280.

④ Charles H. Feinstein, *Banking, Currency, and Finance in Europe between the Wars* (Oxford: Clarendon Press, 1995), p.280-281.

表6-5　德国储蓄银行和合作银行的中央银行（1913~1938年）

单位：%

银行类型	1913 年	1925 年	1930 年	1938 年
储蓄银行	92	63	65	70
中央银行	8	37	35	30
信用合作社	89	47	77	74
中央银行	11	53	23	26

注：表中数据为各类型银行资产占银行总资产的比重。

资料来源：Deutsche Bundesbank, *Deutsches Geld-und Bankwesen in Zahlen 1876-1975* (Frankfurt：Knapp, 1976), pp.：67-121。

　　抵押贷款银行和国有银行也可以从资本市场的恢复中获得一些好处，并恢复它们在战争和通货膨胀期间丧失的部分业务。此外，特殊银行集团的市场份额在政府干预下增加了，这就促使市场上新的金融中介机构不断涌现。[1] 特殊银行也是由利益集团和一些工业企业创建的。银行业改变结构并做出有竞争力的调整后，几乎重新构建了金融业的战前结构，并在牺牲了商业银行和特殊银行的同时，使储蓄银行和信用合作社获得了一定的收益。[2]

　　通货膨胀消除经济的货币性资产而引发的巨额流动性缺口逐渐被填平了；1925~1930年，银行体系的总资产以30%的惊人速率逐年增加。然而，没过多久，1929年的经济大萧条就中断了金融重建的进程。[3]

---

[1]　Kurt Preiss, "Die öffentlichen Kreditinstitute," *Untersuchung des Bankwesens* (1933)：1.

[2]　Charles H. Feinstein, *Banking, Currency, and Finance in Europe between the Wars* (Oxford：Clarendon Press, 1995), p.281.

[3]　Charles H. Feinstein, *Banking, Currency, and Finance in Europe between the Wars* (Oxford：Clarendon Press, 1995), p.281.

虽然金融资产并没有过度增长，但许多银行在推动金融重建中都忽视了传统的安全标准。它们为了降低流动性而减少了自己的流动资金，却增加了赚钱的资产。[1] 商业银行将现金和银行结余占存款的比例从1913年的7.3%下调至1929年的3.8%。同时期，资本与储备占总资产的比例也从22%下降至7%。[2] 银行本质上仍依赖于作为流动储备的商业票据的组合；它们相信，在需求上，可以通过在德意志帝国银行再贴现票据，获得更多的流动资金。[3] 现金流动性恶化使银行系统更依赖于将德意志帝国银行作为最后贷款人，并且储备的减少导致银行在危机发生时变得极为脆弱。银行体系对德意志帝国银行的依赖程度日益提高是非常危险的事情，这是因为国际协定要求德意志帝国银行在进行决策时要以捍卫金本位为首要目标。[4]

20世纪20年代末快速的金融重建对于银行业来说是必不可少的，对于整个经济来说也是必不可少的。在稳定的年代，信贷是很昂贵的。货币改革后，银行立即上调了利润率以恢复他们的储备，所以利率变得非常高；1924年，现金账户预付款利率为19%。这些都是特殊情况，在接下来的几年，金融重建使该利率

① Friedrich-Wilhelm Henning, "Die zeitliche Einordnung der Überwindung der Weltwirtschaftskrise in Deutschland," *Finanz-und Wirtschaftspolititische Fragen der Zwischenkriegszeit 73* (1973): 135-173.

② Untersuchungsausschuss für das Bankwesen, *Untersuchung des Bankwesens 1933* (Berlin: Heymann, 1933), p. 1, 2, 88-91.

③ A. Z. U. Erzeugungs, "Und Absatzbedingungen der Deutschen Wirtschaft," *Mittler er Sohn* (1930).

④ Charles H. Feinstein, *Banking, Currency, and Finance in Europe between the Wars* (Oxford: Clarendon Press, 1995), pp. 281-282.

在 1928 年下降到 10%。1925～1928 年，平均债券收益率为
8.2%。[1] 根据战前标准来看，这已经是非常高的水平了。[2]

  摆脱了战争和通货膨胀导致的长时间的经济不景气后，德国
银行体系在 20 世纪 20 年代末恢复了其作为经济增长剂的作用。
如表 6-6 所示，1929 年，实际国民生产净值接近 1913 年在战前
的水平，1938 年，实际国民生产净值比战前水平高出约 50%。从
人均的角度看，1927 年按固定价格计算的人均社会生产净值已达
到 1913 年在战前的水平，1928 年，人均生产净值更比战前水平
高出 7 个百分点。[3] 然而经济的增长并不平衡，复苏期间人们的
失业率很高。货币限制和高利率就导致在 1924 年、1926 年和
1928 年的经济很不景气，失业率也很高。最根本的问题就在于货
币限制，而不在于集体谈判、工资或政府支出问题。[4] 金融重建
步伐放缓或者有效控制资本输入会进一步加重魏玛共和国的经济
问题。德国的境况与其他国家是一样的，财政、货币和经济政策
要想适应国际竞争力，就必须进行调整，所以重返金本位给经济
带来了沉重的负担。[5]

① Deutsche Bundesbank, *Deutsches Geld-und Bankwesen in Zahlen 1876-1975* (Frankfurt am Main: 1976), p.278.
② Charles H. Feinstein, *Banking, Currency, and Finance in Europe between the Wars* (Oxford: Clarendon Press, 1995), p.282.
③ Walther G. Hoffmann, *Das Wachstum Der Deutschen Wirstschaft seit der Mitte des 19. Jahrhunderts* (Berlin: Springer Berlin Heidelberg, 1965), pp.172-174, 827-828.
④ Jürgen Kruedener, *Economic Crisis and Political Collapse: The Weimar Republic, 1924-1933*, Vol.5 (New York: Berg Publishers, 1990).
⑤ Barry Eichengreen, *Golden Fetters: The Gold Standard and the Great Depression 1919-1939* (New York, Oxford: Oxford University Press, 1992).

表6-6　德国金融紧缩和金融重建（1913~1938年）

资产类型	1913年	1925年	1929年	1938年
名义资产	100	35	89	111
实际资产	100	24	58	92
名义国民生产净值	100	128	152	187
实际国民生产净值	100	89	99	155

资料来源：Deutsche Bundesbank, *Deutsches Geld-und Bankwesen in Zahlen 1876-1975* (Frankfurt: Knapp, 1976), pp.74-75, 118-121; Walther G. Hoffmann, *Das Wachstum der deutschen Wirstschaft seit der Mitte des 19. Jahrhunderts* (Berlin: Springer Berlin Heidelberg, 1967), pp.698-701, 825-828。

随着不断的发展和演变，现代的德国全能银行的资产负债结构与英、法等国的商业银行已无本质区别。

四　当代德国银行体系组织结构

依据德意志联邦银行所使用的分类，可以把德国的银行分成两大类：一类是全能型银行（依据全能型银行的广义定义），此类银行为大部分；另一类是特殊银行（更为专业的银行），此类银行为小部分。全能型银行依据所有权和法律形式又可以细分为三类，即商业银行、储蓄银行和信用合作社。表6-7展示了德意志联邦银行所使用的每个类别中银行的数量以及它们在1950~1988年选定年份总业务量中所占的份额。虽然信用合作社依据《银行法》的规定开展银行业务，并列入了每月需向德意志联邦银行提交报告的银行范畴，但是表6-7依据的是德意志联邦银行月度报告中使用的德国银行系统的定义以及德意志银行的资本财务核算，也据此，信用合作社被视作从银行体系中分离出来了。通过表 6-7 的数据计算可知，全能型银行三类部门在 1950 年、1970 年和 1988 年的总业务量分别占整个银行业总业务量的 79.6%、74.9% 和 77.8%，从而确定了，至少依据全能型银行的广义定义来看，德国银行实际上都是典型的全能型银行。

表 6-7　多种分类下德国银行数量以及业务量
所占份额（1950~1988 年）

单位：%，家

银行类型		1950 年	1960 年		1970 年		1977 年		1988 年	
		份额	数量	份额	数量	份额	数量	份额	数量	份额
全能型银行	商业银行	36.4	362	24.4	305	24.9	263	24.9	312	23.6
	大型银行	19.1	6	11.3	6	10.2	6	10.4	6	8.9
	区域性以及其他商业银行	12.8	108	10.4	112	10.7	109	10.9	163	11.4
	外资银行分行	—	16	—	24	1.5	51	1.9	57	1.8
	私人银行	4.5	232	2.7	163	2.5	97	1.7	86	1.5
	储蓄银行	30.8	880	35.7	844	38.5	634	38.5	596	37.3
	区域性银行机构	10.8	13	13.5	12	15.6	12	16.5	11	15.6
	储蓄银行	20	867	22.2	832	22.9	622	22	585	21.7
	信用合作社	12.4	11642	8.6	7072	11.5	4817	14	3364	16.9
	信用合作社区域性机构	3.7	19	2.8	13	3.8	11	4.2	6	4.6
	信用合作社	8.7	11623	5.8	7059	7.7	4806	9.8	3358	12.3

续表

银行类型		1950 年	1960 年		1970 年		1977 年		1988 年	
		份额	数量	份额	数量	份额	数量	份额	数量	份额
特殊银行	不动产银行	5.9	42	17.2	46	13.6	40	13	38	13.9
	私人不动产银行	—	26	5.8	29	6.6	26	8.2	27	9.0
	公立不动产银行	—	16	11.4	17	7.1	14	4.8	11	4.9
	分期付款销售融资机构	—	262	1.5	180	1.1	123	1.1	—	—
	具有特殊功能的银行		18	10.2	17	8.4	17	6.5	16	6.7
	邮政银行和邮政储蓄银行办事处	—	15	2.4	15	1.9	15	2	15	1.5
总计		85.5	13263	100	8479	99.9	5909	100	4341	99.9

注：①业务量包含资产负债表总额、再贴现账单的认可负债、贴现发行量的提款以及借方贷款和未到期的银行投资组合；②银行月度现金表统计报告不包括其国外分行、建房和贷款协会；③1950 年无银行数量统计数据；④1950 年及 1960 年区域性及其他商业银行统计包含外资银行分行；⑤分期付款销售融资类机构于 1986 年撤销，72 家属于此类的银行被重新划入区域性及其他商业银行（42）、私人银行（22）和信用合作社（8）；⑥1950 年缺乏私人及公立不动产银行，分期付款销售融资机构、具有特殊功能的银行以及邮政银行和邮政储蓄银行办事处相关信息。

资料来源：德意志银行，http：//www.dbresearch.com/servlet/reweb2. ReWEB? rwnode = DBR _ INTERNET _ EN - PROD $ RM _ EU _ BANKING1&rwsite = DBR _ INTERNET_ EN-PROD。

由于在原则上能够按照《银行法》的规定开展所有银行业务，所以，商业银行部门、储蓄银行部门和信用合作社部门中的所有银行都是全能型银行。然而，在不同程度上，各个银行的业务由不同的服务构成，并且实际上，这些部门中的许多银行并没有开展所有的银行业务。依据全能型银行的广义定义，在某种程度上，所有三个类别中的全部全能型银行均是在1945年后才普遍成长起来的。这是因为许多类似的银行，尤其是储蓄银行部门和信用合作社部门中的银行，均起源于提供专门的银行服务。例如，在储蓄银行部门中，储蓄银行的传统功能是由州（国家）立法机构通过的特殊储蓄银行法律明确界定的，除《银行法》外，储蓄银行也必须遵守这些特殊法案。储蓄银行的传统工作则包括提供储蓄账户和汇划转账交易服务、向低收入和中等收入家庭提供信贷（特别是住房贷款），并满足当地社区的融资需求。虽然自1945以来，储蓄银行已经成为真正的全能型银行（依据其广义定义），但是它们的传统功能仍具有独特的优势。信用合作社亦是如此。信用合作社起源于合作银行，旨在支持城市或农业成员。虽然目前储蓄银行和信用合作社都经营着所有形式的银行业务，但这两类银行的业务结构仍然反映出其传统功能的优势。

德意志联邦银行公布的德国银行体系数据表明，银行之间具有显著的所有权联系。例如，大多数私人抵押贷款银行至少部分归商业银行所有。表6-8显示了1975年年底和1988年年底资产规模排名前10名的德国银行，当时就考虑了这种所有权联系。表6-8中的数据取自银行报告中显示的合并资产负债表，包括国外附属公司的资产，所以它们与编制表6-7所依据的德意志联邦银行业务量数据并没有直接的可比性。

表 6-8 1975 年和 1988 年德国前 10 名银行

单位：万亿

银行	1975 年年底集团资产负债表总额	银行	1988 年年底集团资产负债表总额
德意志银行	91.5	德意志银行	305.3
德累斯顿银行	74.1	德累斯顿银行	231.0
西德意志银行	67.9	德国商业银行	180.4
德国商业银行	56.6	西德意志银行	171.1
巴伐利亚联合银行	48.7	巴伐利亚联合银行	162.6
巴伐利亚银行	45.7	裕宝银行	135.2
裕宝银行	40.2	中央合作银行	131.7
黑森地方汇划中心	39.3	巴伐利亚银行	128.0
北德意志银行	35.9	北德意志银行	107.8
BFG	35.1	德国复兴信贷银行	97.0

注：表中各银行依据总资产排名。

资料来源：Vera C. Smith, *The Rationale of Central Banking and the Free Banking Alternative* (Indianapolis：Liberty Press，1990)。

如表 6-7 所示，1950 年底，所有商业银行整体的业务量占全部银行国内业务量的 36.4%，但之后它们的份额已经大大降低，并相当稳定地保持在 23%~25%。在这一类别里有四类银行。

第一类商业银行是德国三大银行，德意志银行、德累斯顿银行、德国商业银行及其柏林分公司都是股份制公司（AGs），并通过当地分行网络在全国范围内运作。他们虽然就资产负债表总额（如表 6-8 所示）而言是德国最大的银行，但是从表 6-7 中不难看出，他们的国内银行业务量并没有占有压倒性的份额。不过，

表 6-7 并没有将大银行在其他金融机构的大股东权益考虑在内。除了仅有的少数例外，抵押债券的发行和按揭贷款的发放仅限于抵押银行，所以这些利益对于私人抵押银行来说尤为重要。

1946~1947 年，这三大银行肢解成了若干"继任者银行"，每家"继任者银行"都仅限在一个州经营。然而，1952 年联邦共和国划分成了三大银行领域，每个领域由之前三大银行的一家"继任者银行"经营。三家"继任者银行"的行为日益统一，并在认识到这一现实之后，于 1956 年 12 月 24 日通过了终止"信用机构区域范围限制"的法律。1957 年和 1958 年，三大银行重组。鉴于政治经济形势，柏林企业被认为需要单独和独立的安排，故而不管是在什么情况下，柏林分公司都被排除在合并之外。

第二类商业银行由区域性以及其他商业银行组成，包含除组织形式为股份制、股份合伙制（KGaAs）、私人有限公司（GmbHs）的大银行以外的所有银行。这些银行专注于在其特定地区提供综合性的银行服务，但有些仍保留了分支机构系统，使其能够在多个地区或全国各地经营。

这两家巴伐利亚银行与几乎所有其他商业银行的情况都不同，它们获准按照抵押银行进行经营。另一家拥有广大的分行网络的银行是德国公共经济银行（BfG），它最初由工会和合作社所有，但在 1987 年出售给了亚琛和慕尼黑保险集团。如表 6-7 所示，这类银行在国内所有银行业务量中所占的份额在 1950~1988 年期间一直保持得相当稳定。

如表 6-7 所示，商业银行的其他两类分别是外资银行和私人银行家的分行，它们在整个德国银行体系中都不是很重要。外资银行分行获准参与与国内银行范围相同的银行业务。私人银行由组织形式为无限责任合伙企业（OHGs）和有限合伙制（KGs）的所有银行构成（自 1976 年起，银行已被禁止以独资企业的组织形式存在）。私人银行家虽然经营着所有的银行业务，但他们倾向于专攻特定类型的银行业务，如出口信贷、证券交易、产业金融、资产管理或住宅信贷等。

表 6-7 表明，除 1950 年以外，储蓄银行与其他所有类别的银行相比，在所有银行的国内业务量中占比最大。构建储蓄银行的初衷并不是为了营利，而是作为国家机构有义务向社会不富裕的社区成员提供银行服务，向公共部门以优惠的条款提供信贷，并为储蓄银行所在地区能够带来效益的投资提供资金。储蓄银行虽然仍有这些义务，但他们已经发展为全能型银行，与商业银行竞争大多数形式的银行业务。

储蓄银行部门内部分三个等级。最低的等级由当地的储蓄银行构成，它们作为独立的法律实体，是依据国际公法成立的市级机构或区级机构。每个州都有自己的《储蓄银行法》，指定了该州储蓄银行的机构和组织，规定了国家机关的监管职能，并将其账务的全部责任强加给直辖市或区。地方储蓄银行通常只能在自己的地区经营，其对证券及其他资产的投资都受到限制。一个州内的所有地方储蓄银行都是这个州储蓄银行协会的成员。

储蓄银行部门第二个等级由州储蓄银行或中央直接转账机构（区域银行转账中心）构成。每家州储蓄银行都是依据国际公法建立的，并以不同的比例归其所在州政府和州储蓄银行协会所有，这两个所有者对银行债务承担无限责任。州储蓄银行充当其会员地方储蓄银行的清算机构，在各自的州行使州银行家的职责，经营区际和国际银行业务。如表 6-8 所示，最大的州储蓄银行是西德意志州银行，在合并资产负债表资产方面大致与德国商业银行相当。表 6-8 还表明，其他三家州储蓄银行是 1975 年底跻身德国十大银行的巴伐利亚州银行、黑森地方汇兑中心和北德意志银行，并且其中有两家在 1988 年底再次跻身于德国十大银行。

储蓄银行部门的第三等级是中央储蓄银行，即德意志转账银行（DGZ），该银行是储蓄银行体系的中央清算银行，持有州储蓄银行的流动性储备。DGZ 在所经营的银行业务方面与州储蓄银行相类似，但确切地说，更加相似之处体现在两者的规模上。在央行有关德国银行体系的数据中，DGZ 被列入了区域性直接转账机构类目下的州储蓄银行的范畴。

地方储蓄银行和州储蓄银行虽然都是全能型银行，但某些业务（如证券交易、证券包销、国际贸易等）对后者而言更加重要。地方储蓄银行以活期存款和银行储蓄债券的形式从非银行企业筹集了大量的资金，而区域性直接转账机构从非银行企业筹集到的资金相对较少。地方储蓄银行往往有剩余资金，故而其证券持有量相对较大，其中绝大部分都是由区域性直接转账机构发行的债券，而这就是这些机构最重要的经济来源。就企业贷款而言，特定地区的地方储蓄银行往往注重给小型企业发放贷款，而区域性直接转账机构则更倾向于贷款给中型和大型企业。

表 6-7 表明，信用合作社在 1950~1960 年所有银行的国内业务份额均下降了，可之后其份额一直保持稳步上升。信用合作社

起源于为其成员提供信贷的合作银行，但后来已发展为全能型银行。

信用合作社的组织类似于储蓄银行部门。该部门也设有大量的地方信用合作社和一个以中央结算机构为首的较大型区域性银行系统。信用合作社的第一级别由组织形式为合作社的地方银行构成，其成员都是当地的个人和企业。地方信用社成员出资：通常会有规定，限制信用合作社个人成员可持有的资本份额，因此，人们普遍都持有其资本。信用合作社的成员资格曾经有贷款需求，但如今已不再是这种情况。倘若破产了，地方信用合作社成员的责任通常大于已经按照银行章程规定的金额支付的资本：金额不定，但通常等于已经支付的资本。

地方信用合作社中，为首的是由区域性中央合作银行组成的第二等级的银行和由联邦清算机构组成的第三等级银行，其中，第二等级银行是股份制公司或是归地方信用合作社所有已注册的合作社，而第三等级银行只是一家股份制公司，主要为区域性信用合作社所有。在德国央行数据中，这两个等级的银行共同构成了一个类别，即信用合作社区域性机构。与储蓄银行部门相反，在此类别中，DG 银行是最重要的，如表 6-8 所示，该银行在1988 年按照合并资产负债表资产排名是德国第七大银行。区域性中央合作银行通常比州储蓄银行要小得多。

地方信用合作社和信用合作社区域性机构之间的关系类似于地方储蓄银行和区域性直接转账机构之间的关系。地方信用合作社是以个人储蓄存款的形式筹集到大量资金的，而信用合作社区域性机构经营的银行存款业务相对较少，通过向其他银行（特别是向地方信用合作社）借款来筹集它们的大部分资金。与地方信用合作社相比，区域性机构更多地参与了证券和外汇市场，处理其本地会员银行的投资业务和国际业务，并充当地方信用合作社支付交易的清算机构。

在德国，提供专门的银行业务服务而非综合服务的银行中，最重要的就属抵押银行了。抵押银行在所有银行国内业务量中整体占有的份额在 1950~1960 年大幅上升，在 1960~1970 年略有下降，此后基本保持不变。抵押银行可以是依据一套专门管理银行体系中这一部门业务的特殊法律成立的私人机构或公共机构。这些法律通常限制抵押银行向区政府部门和其他公共部门发放长期抵押贷款和贷款。抵押银行主要是通过发行抵押贷款和市政贷款支持的债券，以及通过长期存款来为他们的贷款提供资金的。其他银行禁止发行抵押债券，只有极少数例外，所以绝大多数私人抵押银行至少部分希望进入这一细分市场的商业银行所有。在某些情况下，商业银行在私人抵押贷款银行的持股量确实非常大，例如，1989 年底，德国商业银行持有 97% 的莱茵抵押银行（最大的私人抵押银行）股份，德意志银行持有 93.1% 的法兰克福抵押银行（第二大私人抵押银行）的股份，德累斯顿银行持有 94.8% 的法兰克福德意志抵押银行（第三大私人抵押银行）股份。

这一具有特殊职能的银行组包括专门为提供专业银行服务而建立的各类公共机构和私人机构。其中最大的机构是德国复兴信贷银行（KfW），它是一家国有银行，于 1948 年成立，目的是管理协助德国工业重建的马歇尔援助基金，如今该银行为大量专业领域提供贷款融资，如出口信贷、欠发达国家项目融资、环境类项目，以及给中小型企业发放贷款等。德国复兴信贷银行只有不到一半的资金来自政府贷款，其余资金来自银行贷款、其他类贷款和发行债券。德国复兴信贷银行在1988年底按照合并资产负债表资产成为德国十大银行之一。另一个国有银行是德意志银行，它专门为德国企业提供启动资金。工业信贷银行德意志工业银行是一家私营银行，由德国工业界创立，它服务于中小型企业的融资需求，专门为它们提供中、长期贷款。这些具有特殊职能的银行在所有银行国内业务量中所占的份额已从1960年底的10.2%下降到1988年底的6.7%。

德国全能型银行有代表在监督委员会任职，其体系可能特别适合在信息采集、行使与债务和股权融资相关的控制权方面开发规模经济和范围经济。这个论点表明，有效的投资融资体系是具有强大的自然垄断因素的体系，在该系统中，一小部分全能型银行由于在信息采集与控制权行使方面存在的规模经济和范围经济而占据了主导地位。如果规模经济和范围经济意味着在针对投资的金融体系里缺乏竞争的话，那么占主导地位的全能型银行也可能利用其垄断权力，因此就不会产生有效的系统。本部分通过评估德国银行系统各个部分的集中程度，调查德国此类占主导地位的全能型银行的实有情况。

表6-7中所提供的数据表明，就各银行类别占所有银行的国内业务量的份额而言，德国银行体系在1950~1988年的集中度并不高。德国三大银行在1950年占国内业务量的19.1%，但从1960年起，它们所占的份额仅约10%。然而，如前所述，

表 6-7依据的是央行有关银行体系的数据，并没有考虑某些银行之间存在的强大的所有权联系，因此也就低估了德国银行业务总量的集中度。为了解决这一问题，我们可以使用银行年报中合并资产负债表数据来衡量集中度。这些数据考虑到银行旗下的子公司，但是这些数据在衡量德国银行体系内的集中度方面还有一个不足之处，即他们涵盖了国外附属公司的资产。

表 6-9 显示的是德国最大的 5 家银行在 1987 年底占德国所有银行资产负债总额的比例。当时，这 5 家最大的银行所占的比例为 25.4%，而三大银行——德意志银行、德累斯顿银行、德国商业银行，所占的份额为 17.3%。这些数据表明，虽然表 6-7 低估了德国银行国内业务量的集中度，但给出的广义印象是准确的：在这一银行体系中，三大银行虽然在所有银行的业务量中占比很大，但并未占据主导地位。如果以这种方式衡量集中度，那么德国银行体系的集中度实际上是低于英国银行体系的集中度的。遗憾的是，英国缺乏全面的数据，所以想要比较德国最大的银行和英国最大的银行在各自国家所有银行的资产负债表总额中所占的份额是不可能的。然而，利用 1989 年 10 月《银行家》公布的数据做出有限的比较还是可能的。1988 年底，三大银行在德国最大的 25 家银行的合并资产负债表总额中所占的份额为 30.4%，而德国最大的 5 家银行所占的份额为 44.6%。与之相比，在 1988 年底，英国三大银行在英国最大的 25 家银行的合并资产负债表总额中所占的份额高达 57.0%，其最大的 5 家银行所占的份额更是高达 73.7%。

表 6-9 德国前五大银行在 1987 年底占德国所有
银行资产负债总额的比例

银行	集团资产负债总额 （单位：万亿）	占德国所有银行资产负债 总额的份额（%）
德意志银行	268341	7.3
德累斯顿银行	206938	5.6
德国商业银行	161731	4.4
西德意志银行	152504	4.1
巴伐利亚联合银行	149663	4.0

资料来源：Ludwig Eschwege, "Hochfinanz und Mittelstand," *Die Bank*（1908）：645-647。

第七章

英德金融组织发展比较

一 共性与差异：欧洲大陆金融体系与英美金融体系之争

20世纪的最后20年见证了欧美各国，乃至整个世界金融业的巨大变化和高速发展。[①] 直至20世纪80年代初，欧洲大陆各国仍然以关系型融资为主，然而，英国和美国已经形成了以市场为导向的金融体系。换言之，当欧洲大陆的资本仅限于在互有关联的企业和机构之间流通时，英美两国实际上已经开始遵循独立交易原则（Arm's Length Principle）进行融资活动。[②] 因此，欧洲大陆的金融体系和英美体系泾渭分明，作为两种重要的模式，具有各自对应的名称。例如，欧洲大陆各国的金融体系常被称为关

[①] Raghuram G. Rajan and LuigI Zingales, "The Influence of the Financial Revolution on the Nature of Firms," *American Economic Review* 91 (2001): 206–212; Raghuram G. Rajan and Luigi Zingales, *Saving Capitalism from the Capitalists Crown Books* (New York: Crown Business, 2003).

[②] Martin Hellwig, "On the Economics and Politics of Corporate Finance and Corporate Control," *Rationalitätskonzepte, Entscheidungverhalten und ökonomische Modellierung* (2010).

系型金融、莱茵河资本主义或银行主导型体系，而相应的，英美
两国的金融体系被称为独立型金融、英美资本主义或市场主导型
体系。[①]

　　为了对上述两种截然不同的金融体系加以比较，表 7-1 展示
了 1980 年欧美各国金融业的发展情况。其中，向私人部门贷款、
储蓄存款、证券市场资本总额均除以当期国内生产总值，以度量
各变量在经济产出中的比例；固定资本形成总额（Gross Fixed
Capital Formation，GFCF）同时包括首次公开募股（Initial Public
Offerings，IPO）和包括股权再融资（Seasoned Equity Offerings，
SEO）两个部分；公司数量是指股票公开上市的公司。

表 7-1　1980 年欧美各国金融业发展情况

国家	向私人部门贷款/GDP	储蓄存款/GDP	证券市场资本总额/GDP	公开增发股票/GFCF	公司数量/人口（百万）
奥地利	0.742	0.682	0.030	0.000	8.740
比利时	0.272	0.299	0.090	0.030	22.850
丹麦	0.244	0.276	0.090	0.010	42.540
芬兰	0.462	0.391	–	0.012	–
法国	0.731	0.679	0.090	0.060	13.990
德国	0.864	0.564	0.090	0.010	7.460
希腊	0.520	0.507	0.085	–	–
爱尔兰	0.315	0.577	–	–	–
意大利	0.555	0.676	0.070	0.040	2.360

[①] Vitor Gaspar et al., *The Transformation of the European Financial System*（Germany：European Central Bank，2003），p.126.

国家	向私人部门贷款 /GDP	储蓄存款 /GDP	证券市场资本总额 /GDP	公开增发股票 /GFCF	公司数量 /人口（百万）
卢森堡	1.210	1.626	0.001	0.016	205.556
荷兰	0.632	0.602	0.190	0.010	15.120
葡萄牙	0.855	0.946	0.006	–	–
西班牙	–	0.723	0.087	0.028	13.213
瑞典	0.415	0.510	0.110	0.000	12.390
欧洲大陆平均	0.601	0.647	0.078	0.020	34.422
英国	0.276	0.280	0.380	0.040	47.220
美国	0.354	0.540	0.460	0.040	23.110
英美平均	0.315	0.410	0.420	0.040	35.165

资料来源：Raghuram G. Rajan and Luigi Zingales, *Saving Capitalism from the Capitalists*: *Unleasing the Power of Financial Markets to Create Wealth and Spread Opportunity* (New Jersey：Princeton University Press, 2004)。

　　如表 7-1 所示，1980 年，与英美金融体系相比，欧洲大陆各国中银行储蓄存款占有更大比重，其储蓄额与国民生产总值之比约为英美两国平均水平的 1.6 倍。如果观察银行向私人部门发放贷款金额与国内生产总值之比，我们同样会发现欧洲大陆国家平均放贷比例几乎是英美两国平均水平的 2 倍。但是，资本市场的情形恰好相反。虽然欧洲大陆国家和英美两国相比，每百万人口对应的公开发行股票的公司数量大体相当，但如果从欧陆样本中去除卢森堡这一不具代表性的离群点，其他国家的平均公司数量远低于英美两国水平。

上述指标只是对两种不同金融体系的粗略比较，如果进行更为细致的考察，二者的差异可能更大。例如，1980年，美国已经建立起一些金融衍生品市场，英国伦敦的衍生品市场也较为活跃，然而欧洲大陆只有荷兰阿姆斯特丹刚刚形成此类交易市场，其他国家的市场尚未成型。

上述宏观差异也引起了各国企业在融资方面的微观区别。虽然大型上市公司在资本结构方面可能大同小异，但中小型公司在此方面千差万别。[①] 以1994年为例，美国全部上市公司中，只有16%的公司借款来自银行贷款，而49%的借款是通过发行公司债券等票据实现的。[②] 与银行贷款不同，有价证券便于交易和流通，并且其持有者通常对发行公司抱有较高的投资热情。与此不同的是，当时德国的上市公司主要通过银行贷款获得资金，其借款中银行贷款的比例高达80%，而通过证券市场募集的资本不足10%。因此，德国的银行与企业之间具有更为密切而长期的联系。

融资方式的差别也在资本市场行为上得到了验证。1991～1995年，美国上市公司平均每年公开增发股票数约为其国民生产总值的1.2%；而在此期间，德国上市公司增发数量仅占其本国国民生产总值的0.04%左右。如果以国家人口规模作为参照物，那么在1995年，平均每100万美国居民所对应的首次公开

① Raghuram G. Rajan and Luigi Zingales, "What do We Know about Capital Structure? Some Evidence from International Data," *The Journal of Finance* 50 (1995): 1421-1460.
② Stephen Prowse, "Alternative Models of Financial System Development," *General Information* (1996).

募股数为 3.11；而平均每 100 万德国居民所对应的首次公开募股数仅为 0.08。[1]

在这两种金融体系中，股票市场上股份的流通和持有方式也十分不同。我们仍旧以 1994 年为例，美国上市公司的流通股中约有一半被个人投资者持有，非金融类机构投资者持股比例仅为 14%，银行持股几乎为 0。在德国，个人投资者持股数量仅占上市公司流通股数量的 17%，银行持股约占 10%，非金融类机构投资者持股比例达 42% 之多。因此，德国的大型上市公司中大量股份被其他公司和银行所持有，这也使得德国的公司所有权相对集中。平均而言，德国大型上市公司中前五大股东持股之和所占比例高达 42%，而在美国，这一比例仅为 25% 左右。

由于上述情况的存在，德国公司中的大股东通常更倾向于保护性的经营管理策略。在 20 世纪下半叶，德国仅发生过 4 起恶意收购事件。[2] 其中一起著名的恶意收购事件是 1997 年德国钢铁巨擘克虏伯（Krupp）公司对德国另一钢铁企业蒂森（Thyssen）公司发起的收购案。虽然两家公司于 20 世纪 80 年代已经有过谈判，并多次合作，但当克虏伯公司发出收购要约时，蒂森公司仍然严厉斥责其行为是"野蛮的西部人"的做法，是美国式的资本主义策略而非传统的私下合议。为此，克虏伯公司不得

---

[1] Rafael L. Porta et al., "Legal Determinants of External Finance," *Journal of Finance* 52 (1997): 1131-1150.

[2] Julian Franks and Colin Mayer, "Bank Control, Takeovers and Corporate Governance in Germany," *Journal of Banking & Finance* 22 (1998): 1231-1480.

不公开出面回应，极力为自己辩护，还是遭到蒂森公司工人的抗议和袭击。这起收购案甚至惊动了政坛高层，政坛高层向克虏伯公司贷款并持股的银行施压，令银行劝说克虏伯公司以更为温和的传统方式与蒂森公司商谈。虽然，最终两家公司于1999年合并，但整个并购过程充满了政治意味，这在英国和美国的公司看来应该是非常匪夷所思的一幕。简而言之，欧洲大陆各国的金融体系更多地以银行和相关机构为导向，而英美两国的情况则是以市场为核心。[①]

随着时间的推移，欧美各国金融体系不断发展和变化，欧洲大陆各国与英美两国之间的差别日益缩小，却依然存在。20世纪的最后20年中，各国金融市场都大幅扩张，互联网泡沫的迸裂带来了一个短暂却残酷的熊市，但这既不是该时期金融业繁荣发展的唯一原因，也不能令这种扩张终结。2000年，即使在一直坚持以市场为导向的美国，证券市场资本总额占国民生产总值的比例也飙升至其1980年水平的5倍以上。欧洲大陆各国的变化则更为显著。

为反映这一变化，表7-2展示了2000年欧美各国金融业的发展情况。同样的，向私人部门贷款、储蓄存款、证券市场资本总额均除以当期国内生产总值，以度量各变量在经济产出中的比例；固定资本形成总额同时包括首次公开募股和股权再融资两个部分；公司数量是指股票公开上市的公司。

---

① Vitor Gaspar et al. , *The Transformation of the European Financial System* （Germany：European Central Bank, 2003）, pp. 127-128.

表 7-2   2000 年欧美各国金融业发展情况

国家	向私人部门贷款/GDP	储蓄存款/GDP	证券市场资本总额/GDP	公开增发股票/GFCF	公司数量/人口（百万）
奥地利	1.040	0.819	0.156	0.051	11.975
比利时	0.792	0.837	0.783	0.138	15.707
丹麦	-	-	0.686	0.192	42.135
芬兰	0.534	0.464	2.383	0.497	29.730
法国	0.864	0.636	1.087	0.145	13.720
德国	1.207	0.925	0.668	0.065	9.071
希腊	0.526	0.566	0.942	0.430	30.869
爱尔兰	1.069	0.793	0.843	0.172	20.053
意大利	0.770	0.514	0.703	0.041	5.058
卢森堡	1.099	3.367	1.771	0.494	122.727
荷兰	1.398	0.963	1.701	0.629	14.754
葡萄牙	1.408	0.997	0.567	0.502	10.889
西班牙	1.012	0.816	0.882	0.866	25.817
瑞典	0.457	0.391	1.476	0.289	32.920
欧洲大陆平均	0.937	0.930	1.046	0.322	27.530
英国	1.320	1.069	1.840	0.149	32.370
美国	0.493	0.379	1.549	0.207	25.847
英美平均	0.907	0.724	1.694	0.178	29.109

资料来源：Raghuram G. Rajan and Luigi Zingales, *Saving Capitalism from the Capitalists*: *Unleasing the Power of Financial Markets to Create Wealth and Spread Opportunity* (New Jersey: Princeton University Press, 2004)。

1980～2000 年，欧洲大陆各国平均证券市场资本总额占国民生产总值的比例增长近 13 倍，平均公开增发股票占固定资本形成总额比例增长约 15 倍。这种变化虽然未能消除欧洲大陆与英美两国在金融行业的差异，但无疑让二者的区别日益缩小。1980 年，英美两国的证券市场资本平均额约为欧洲大陆国家平均水平的 5 倍，而从表 7-2 可以看出，2000 年，英美两国这一指标仅比欧洲大陆国家高出约 60%。令这一差异进一步缩小的另一个现象是，虽然美国的公司仍然对银行贷款依存度较低，但英国的公司似乎开始表现出与欧洲大陆的竞争者们相似的融资模式，使得银行向私人部门贷款数量占国民生产总值的比例大幅攀升。[①]

自由市场经济受股市驱动，依靠公共信息得到蓬勃发展，同时还避开了协调。协调的市场经济受银行信贷驱动，通过金融家有限共享企业战略而得到蓬勃发展，同时还因为市场过度波动而绕开了自由市场。不同类型的金融资本主义也往往引出截然相反的政策建议。从以市场为中心的观点来看，协调和新制度主义不过是新保护主义。从协调资本主义的观点来看，过度的金融自由化和国营银行民营化只会把婴儿（社会政策与国内控制机构）连同洗澡水一起倒掉。[②]

更糟糕的是，这些差异往往会挖掘出各国的本质区别。Allen 和 Gale 认为，各大经济体中的市场、银行和企业治理方式各不相

---

① Vitor Gaspar et al.，*The Transformation of the European Financial System*（Frankfurt：European Central Bank，2003），pp. 128–129.

② Elisabeth Paulet，*Financial Markets and the Banking Sector*（London：Pickering & Chatto，2009），p. 120.

同，与以银行为中心和以市场为中心的金融体系（我们所说的自由市场经济和协调的市场经济）间的区别相一致。① 表 7-3 的左侧是美国典型的以市场为中心的经济，保留了深层的高杠杆率流动金融市场，大量银行竞相提供金融服务和信贷，恶意的收购和流动性股票加强了金融市场，增强了竞争力。表 7-3 的右侧是德国，及其相对较小的金融市场、几家大型金融机构 36 国内银行业务的集中度情况以及银行与政治经济核心企业之间的长期关系。Allen 和 Gale 依照这三个方面安排英国、日本和法国作为中间金融体系，表明这 3 个国家的金融市场、银行和公司治理传统往往更接近某些特征，而这些特征更加清晰地体现在截然不同的美国和德国金融体系身上。②

表 7-3　金融系统中的银行

类型	美国	英国	日本	法国	德国
金融市场	高杠杆率	高杠杆率	中杠杆率	中杠杆率	低杠杆率
银行	竞争		←→		集中
公司治理	恶意收购		主银行制		主控银行

资料来源：Franklin Allen and Douglas Gale, *Comparing Financial Systems* (Cambridge: MIT Press, 2000), p. 4.

从表 7-4 可以看出，收入分配在以银行为中心和以市场为中心的两个金融体系中似乎是不同的。20 世纪 80 年代和 90 年代对

---

① Franklin Allen and Douglas Gale, *Comparing Financial Systems* (Cambridge: MIT Press, 2000), p. 4.
② Elisabeth Paulet, *Financial Markets and the Banking Sector* (London: Pickering & Chatto, 2009), p. 121.

发达经济体所做的简单比较表明，以银行为中心的经济体中的收入分配情况明显好于以市场为中心的政治经济体。在 20 世纪 70 年代后的金融自由化期间，此等差异显著增加了。

表 7-4　以市场为中心和以银行为中心的金融体系下的收入分布（基尼系数）

国家		20 世纪 70 年代早期	20 世纪 80 年代早期	20 世纪 90 年代早期	20 世纪 90 年代晚期
以市场为中心	英国	0.34	0.26	0.33	0.40
	美国	0.34	0.36	0.39	0.37
	澳大利亚	0.32	0.40	0.41	0.41
	新西兰	0.30	0.34	0.40	0.37
	芬兰	0.31	0.31	0.25	0.28
以银行为中心	加拿大	0.32	0.33	0.35	0.28
	丹麦	0.22	0.21	0.39	0.36
	法国	0.44	0.35	0.46	0.29
	德国	0.39	0.31	0.26	0.32
	意大利	0.38	0.33	0.30	0.32
	荷兰	0.30	0.27	0.32	0.32
	挪威	0.30	0.27	0.32	0.32
	西班牙	0.37	0.34	0.33	0.25
	瑞典	0.38	0.35	0.31	0.34

资料来源：《卢森堡收入研究》，www.lispect.org。

基尼系数表明，实行以市场为中心的金融体系国家和实行以银行为中心的金融体系的国家在收入分配上差异很大。依据20世纪90年代中期的数据可知，在实行以银行为中心的金融体系的国家，平均基尼系数为 0.248，而在实行以市场为中心的金融体系的国家，平均基尼系数大于 0.336，并且差异随着时间的推移而增加。美国和英国实行的是典型的以市场为中心的金融体系，其收入平等状况自 20 世纪 70 年代以来大幅恶化了。德国的基尼系数表明，相比之下，以银行为中心的金融体系有助于维护更加公平的社会。[①] 如表 7-4 所示，20 世纪 70 年代早期至 80 年代早期，德国的基尼系数一直稳定地保持在 0.30 以上；20 世纪 90 年代晚期，德国的基尼系数再次回升到 0.32。而美国的基尼系数却从 20 世纪 70 年代早期的 0.34 上升到 20 世纪 90 年代晚期的 0.37。英国的不平等状况也大幅加剧了，从 20 世纪 70 年代早期到 20 世纪 90 年代晚期，英国的基尼系数从 0.34 上升到 0.40。

因此，以市场为中心和以银行为中心的金融体系的特征似乎是不平等的重要决定因素。不平等有几个形成机制，其中一个就是两大类资本主义中储蓄和投资的分配。富人倾向于选择股票和债券，而中产阶级的储蓄往往作为银行储蓄存款被存起来，低收入群体可以节省下来的资金很少，他们将自己累积下来的所有资产作为现金或流动性存款存入银行。总之，社会阶层不同，其储蓄情况也不同，而此等差异就强化了动态金融市场与日益恶化的不平等状况并存的趋势。总而言之，描述性的比较表明，以银行为中心的金融体系与更公平的收入分配有关，自由化政策往往会增加不平等情况。[②]

[①] Anke Turner and I. Grossle, "Community Banking Networks and Financial Exclusion: How Savings Banks and Cooperative Banks Contribute to Financial Inclusion in Germany", in Von Mettenheim and Lins, eds., *Government Banking: New Perspectives on Sustainable Development and Social Inclusion from Europe and South America* (Rio de Janeiro: Konrad Adenauer Foundation Press, 2008), pp. 41-64.

[②] Elisabeth Paulet, *Financial Markets and the Banking Sector* (London: Pickering & Chatto, 2009), pp. 126-127.

同时，欧洲大陆出现了更多公开发行股票的上市公司。欧洲大陆国家也开始建立新型证券市场，其中，最著名的是欧洲新市场（Euro New Market，Euronm/EVRO-NM）。这一网络交易平台在法国新兴证券市场（Nouveau Market）的基础上发展而成，由德国、法国、比利时、荷兰四国证券交易所的新市场组成。[1] 法国的新市场由法国证券交易所于 1996 年 2 月 14 日开设，其宗旨是为新生企业提供股票筹资市场，目前已与布鲁塞尔和阿姆斯特丹等城市的小盘股市场连接，其上市标准比现存的市场更为灵活，对公司最低资产总额及最低公众股数量要求较低。德国的新市场（Neuer Markt）位于法兰克福，由德国证券交易所于 1997 年 3 月 10 日开设，对上市公司信息披露要求较高。这些新市场的开设极大地促进了风险资本融资[2]，也给欧洲大陆的金融文化带来了新的风尚。但是，新市场在运作中仍存在一定弊端，各国的尝试大多无疾而终，改革与创新之路仍然任重而道远。[3]

德国创造性地提出了"全能银行"的概念，将传统的银行业务扩展到更广阔的领域，随着漫长的发展和演变，现在的德国全能银行不仅经营银行业务，而且经营证券、保险、金融衍生业务以及其他新兴金融业务，有的还能持有非金融企业的股权。广义的全能银行等于商业银行加投资银行加保险公司再加

[1] Jorg Kukies, Stock Markets for High Technology Firms and Venture Capital Financing: Evidence from Europe (Ph. D. diss., University of Chicago, 2001); Laura Bottazzi and Marco Da Rin, "European Venture Capital," *Economic Policy* 34 (2002): 231-269.

[2] Marco Da Rin and Thomas Hellmann, "Banks as Catalysts for Industrialization," *Journal of Financial Intermediation* 11 (2002): 366-397.

[3] Vitor Gaspar et al., *The Transformation of the European Financial System* (Germany: European Central Bank, 2003), p. 129.

非金融企业股东。全能银行的融资范围从传统的营业资金贷款到私人债券、国际债券及各类股票发行，服务对象面向社会所有行业，包括贸易、工业、各种类型的公司、个人和公共部门。无论全能银行的组织结构是什么样的形式，其本质特征只有一点：能利用一个综合业务平台为客户提供高效率、一站式、全面的金融服务。

追溯到全能银行出现之初，人们对这一银行类型的最直观印象是庞大的银行规模，因为包罗万象的服务种类意味着更多的资本、更多的员工，甚至更大的经营场所，以及这些所带来的规模效应。这种直觉有一定的合理性，却也与当时的事实不尽一致。德国存在许多大型的全能银行，其中规模最大的9家银行的平均资产在一战前已经高达9亿德国马克。但是，当时还存在众多资产规模不足1亿德国马克的小型全能银行。

12世纪早期，德国全能银行平均资产规模远超同期美国商业银行水平，但仍然与英国储蓄银行相距甚远。如表7-5所示，1890年、1900年和1910年，英国银行的平均资产规模约为德国的3倍。因此，所谓"全能"虽然让人直觉上联想到运营会对银行规模具有一定要求，但不应该仅从规模上考量，换言之，银行规模不应该是"全能"的唯一标准。在这段时期，德国银行的平均规模比英国银行小，甚至一些德国银行的规模小于同期美国的大部分银行，但这并不妨碍德国建立并运行全能银行体系。[①]

---

① Caroline Fohlin, *Finance Capitalism and Germany's Rise to Industrial Power* (Cambridge: Cambridge University Press, 2007), p. 72.

表 7-5　德国、美国、英国银行业比较

指标	1890 年			1900 年			1910 年		
	德国	美国	英国	德国	美国	英国	德国	美国	英国
人口数量（千）/银行数量	302	6.3	115.5	268	6.1	204.4	221	3.8	374.4
人口数量（千）/银行分支机构数量	211	6.3	7.5	45.1	6.1	6.3	14.8	3.7	5.5
平均每家银行分支机构数量	0.98（2.6）	0	14.3	1.01（4.4）	0.01（1.4）	31.5	4.3（16.8）	0.02（1.9）	67.5
平均银行资产	9.4	0.64	27.8	15.6	0.89	43.3	23.3	0.79	73.7
行业集中度（5 家）	19（37.1）	3.2	21（26.5）	22.5（33.8）	6.5	25.5（31）	29.3（36.9）	6.23	35.5（43）
行业集中度（10 家）	28.8（56.3）	5.6	32（38）	33.3（50）	9.8	41（46.3）	43.5（54.8）	9.06	56（64.7）

　　注：①银行数量的统计包括银行总部；银行分支机构数量的统计不包括银行总部；②平均每家银行分支机构数量部分，德国和美国数据下方括号内的数字表示仅计算拥有分支机构的银行的平均分支机构数量；③行业集中度部分，德国数据下方括号内的数字表示去掉私人银行后的计算结果，英国数据下方括号内的数字表示仅包括英格兰和威尔士地区；④平均银行资产衡量单位为百万（德国马克），以 1913 年为基期计算。

　　资料来源：Deutsche Bundesbank, *Deutsches Geld-und Bankwesen in Zahlen 1876 - 1975* (Frankfurt：Knapp, 1976)；Forrest Capie et al., *The Future of Central Banking：The Tercentenary Symposium of the Bank of England* (Cambridge：Cambridge University Press, 1994)。

　　值得注意的是，1890～1910 年，美国银行业的发展规模和行业结构与英德两国相比差异颇大，不仅平均每家银行账面资产额较低，而且行业集中程度不高。事实上，与欧洲很多国家相比，美国的银行业集中程度都较低。欧美银行业之间的这种差异，从某种程度上讲具有深刻的历史文化根源，民粹主义对大型金融组织的天然恐惧使得美国的银行业与欧洲国家十分不同。投资银行与商业银行立场相左，大型银行与小型银行水火不容，而各种纷杂的私人经济利益冲突的背后，是更为复杂的政治支持。这种政治背景既来自各州的地方势力，也来自国家层面的政党力量，金融市场不可能在不触动任何一方利益的情况下运作，这令美国的银行业必然出现竞争异常激烈的局面。[①] 表 7-6 反映了 1930 年比利时、丹麦、法国、德国等欧洲国家与美国的银行业结构行业集中度。

表 7-6　1930 年各国银行业行业集中度

国家	平均每家银行分支机构数量	人口数量（千）/银行数量
比利时	14.16	92.6
丹麦	3.06	19.6
法国	9.46	160.9
德国	3.06	176.1
意大利	1.91	104.8
荷兰	24	1305.5
西班牙	5.08	105.9
瑞典	33.83	204
英国	613.44	2481.3
美国	1.14	16.2

资料来源：Mark J. Roe and Strong Managers, *Weak Owners*: *The Political Roots of American Corporate Finance* (Princeton: Princeton University Press, 1996)。

---

① Mark J. Roe, *Strong Managers*, *Weak Owners*: *The Political Roots of American Corporate Finance* (Princeton: Princeton University Press, 1996).

20世纪30年代，欧洲银行业面临了前所未有的经济和政治环境，大萧条（1929~1933年）带来了金融市场的空前压抑和政府对信用金融的强力干预。为了应对这场几乎波及整个资本主义世界的严重经济危机，欧洲各国政府纷纷采取政治手段对经济进行复兴，而银行业是受影响最为明显的行业之一。意大利政府直接接管了主要的银行，并且将银行国有化政策推行至20世纪末，直到1994年才重启银行业私有化进程。[①] 法国大幅提高其存款比例，使国有及半国有机构的存款率比例从1930年的43%提高到1937年的63%；[②] 同时，法国还采取各种长期性的补贴或豁免政策，法国银行1979年的一项研究表明，当时整个经济中超过四成的入账与政府补贴有关。[③] 与意大利和法国不同，德国试图通过加强信用监管来控制金融风险，维护经济健康运行，直至20世纪90年代初，德国工业企业须经联邦经济合作及发展部批准方可发行商业票据及长期债券，而审批过程十分严格，除了要求申请企业具有良好的信用记录之外，还要求其必须具备银行担保。

文化与政治本质上的差异，不仅使欧洲大陆与英美在19~20世纪具有相异的金融体系，而且使二者在此后的演化道路上也体现出不同的特点。20世纪末至21世纪初，新兴证券市场的充分

---

① Raghuram G. Rajan and Luigi Zingales, "Financial Dependence and Growth," *The American Economic Review* 88 (1998): 559–586.

② André Gueslin, "Banks and State in France from 1880s to the 1930s: the Impossible Advance of the Banks," in Youssef Cassis, ed., *Finance and Financiers in European History, 1880–1960* (Cambridge: Cambridge University Press, 1991).

③ John Zysman, *Governments, Markets, and Growth: Finance and the Politics of Industrial Change* (Ithaca: Cornell University Press, 1983).

地发展反映出二者在新时期的差异性。

在欧洲，1995 年由伦敦股票交易所建立的替代投资市场（Alternative Investment Market，AIM），专门面向规模较小的成长型公司，被公认为中小企业首个获得成功的股票市场。AIM 并没有最小公司规模的限制，所以 AIM 最特殊的地方就是其服务对象的规模有时候真的非常小。事实上，在该交易所上市的要求中，并没有对最低资本和最低流动资本的要求。唯一的上市要求就是所采用的会计准则要与国际普遍接受的准则保持一致。上市企业必须委派一名保荐人，由其决定该企业是否具有上市资格，向投资者保证该公司的品质，还要任命一名经纪人，提供流动资金和买卖价格。股东所持股份自公司上市之日起应锁定至少 12 个月。[①]

AIM 取代了 1980 年成立的未受管制的市场非挂牌证券市场，吸引了众多新上市的企业。富时指数精确地描述了 AIM 市场指数的表现，不仅吸引了超过 2000 家企业在此上市，而且在接下来的几个月里，尽管市场呈现负面势头，富时指数却仍在不断增长当中。

1999 年，伦敦股票交易所正式建立伦敦科技板 TechMark，这是主板针对高科技企业的特定部分，专门为具有科技创新的公司提供融资服务。加入该部分企业的业务范围为：计算机硬件、计算机服务、互联网、半导体、软件和无线电通讯等。在伦敦股票交易所主板上市后才能准许进入科技板 TechMark。一般说来，公

---

① Giancarlo Giudici and Peter Roosenboom, *The Rise and Fall of Europe's New Stock Markets* (London: Elsevier Ltd. 2004), p.15.

司持续经营时间应当在 3 年以上。然而，预计市值至少为 5000 万英镑，发售股份的收益至少为 2000 万英镑的快速增长型企业不受上市要求的限制。[①]

德国证券新市场（German Neuer Markt）于 1997 年 1 月正式启动，于 2003 年宣布正式关闭，它如灿烂的烟花在夜空中划过，反映了欧洲大陆所有新市场的兴衰。德国新市场在几年内就成功吸引了数百家公司，成为欧洲大陆最大的新兴市场。在它最辉煌的时候，也就是 2000 年 3 月，它的市值超过了 2000 亿美元，约相当于德国 GDP 的 10%。要在新市场上市，企业须持续经营满 3 年（但也有很多例外情况），股本账面价值必须大于 150 万美元且流动资金应当占到 25%（如果该企业市值足够大，那么 10% 就够了）；首次公开发行的股票中必须有一半是新发行的；强制执行的锁定条款期限为 6 个月。德国和英国均要求上市公司发布 IPO 招股书，且必须承诺定期与分析师召开会议。要上市的企业必须委派一名保荐人（代表）和一名经纪人充当市商。上市企业的数量不断增多，但因为出现违约，这一数据很快便大幅下降了，且经济上窘迫的企业拥有的资金量很少被驱逐出了该市场，导致新市场崩溃的丑闻数不胜数。投资者对新市场丧失了信心，最终导致其于 2003 年关闭了，已上市的企业随后也都转到了德国证交所的主要部门。[②]

---

① Giancarlo Giudici and Peter Roosenboom, *The Rise and Fall of Europe's New Stock Markets* (London：Elsevier Ltd. 2004), p. 16.

② Giancarlo Giudici and Peter Roosenboom, *The Rise and Fall of Europe's New Stock Markets* (London：Elsevier Ltd. 2004), pp. 19-20.

二　竞争与合作：欧洲统一市场框架下的英德金融关系

欧洲单一货币对于英国和德国在欧盟可能加强的合作而言是一个关键性的问题。英国决定不加入于 2002 年 1 月 1 日起需放弃本国货币、引入欧元作为法定货币的 12 国集团，这一决定对英国在欧盟所造成的影响颇为广泛。尽管英国通过积极参与，已经成为新工党治下一个活跃的欧盟成员国，但它仍被排除在了某个项目之外，这个项目便是欧盟在过去 10 年中，除了向中欧和东欧进行的扩展活动外，所实现的关键性一体化项目。①

从某种意义上说，政府官方路线与英国国内实际对该问题展开的辩论之间明显存在矛盾，即在决策是否加入欧洲货币联盟时存在争议。英国政府虽然认为，他们只会在英国经济与欧元区经济紧密衔接时才做出决定，但国内的公开辩论还是更多地把关注点集中在了欧元成员国的政治影响和宪政意义上。因为前财政大臣戈登·布朗（Gordon Brown）在 1997 年赋予了英格兰银行独立决定利率的权力，所以英格兰银行对英国利率享有唯一的控制权。雷德伍德（Redwood）指出，在一个民族国家内，即使是独立的国家中央银行，如果在判断上犯下了严重的错误，严重危害了国民经济，也是要给出解释的。因为民主问责制在欧盟更加难

---

① Christian Schweiger, *Britain, Germany and the Future of the European Union* (New York: Springer, 2006), p.116.

以施行，所以欧盟不会发生这种情况。①

欧洲大陆将货币联盟视作一个经济项目，认为该项目为实现具有竞争力的欧洲单一市场提供了货币基础，而英国的欧洲怀疑论者看法却与之相反，因此他们对欧洲货币联盟是否让国家丧失主权做了评估。有人强调，加入欧洲单一货币就意味着成员国丧失对其利率的控制权，但从长远来看，能让其他方面更加协调，如税收。该欧元项目因而被描绘成是向更深层次的政治联盟迈出的第一步，从长远来看，该联盟的成员国将完全丧失对本国经济的控制权。

1997年新工党掌权后，新政府就强调，它并没有看到宪法上有任何壁垒，在原则上反对英国成为欧元区的成员国。正如财政大臣在他于1997年提交给英国国会下议院的第一份声明中所讲的，欧洲货币联盟在经济上显然获得了优先权：如果单一货币益于英国的就业、商业和未来的繁荣，那么在原则上，加入便是正确的选择。宪法问题只是影响该决策的一个因素，但不是最重要的因素。因此，我们得出结论，英国加入单一货币的决定性因素是国家经济利益，以及允许做出此决策的经济状况。

在现有成员国针对欧洲货币联盟稳定公约中的标准展开讨论时，英国加入欧元区有着深远的意义。尤其是当前被经济严重下滑所困扰的德国正努力让自己符合该标准的要求。德国前财政部长汉斯·艾歇尔（Hans Eichel）在2002年5月强调，德国一直是

---

① Christian Schweiger, *Britain, Germany and the Future of the European Union* (New York: Springer, 2007), pp. 117-118.

该标准的主要倡导者，并将其规范性视作保障欧元区内经济和货币稳定的有效手段，即使在经济危机时期亦然。[①] 然而，人们在2002年越来越清晰地看到，德国将违反稳定公约中已明确的有关国家财政赤字不得超过其国内生产总值3%的限额规定。在红绿联盟以微弱优势胜出而获连任后，时任德国财政部长艾歇尔不得不承认，德国2003年年度新增借款将突破马斯特里赫特标准规定的3%的上限。时任德国总理施罗德（Schröder）呼吁各成员国根据各自的经济状况灵活解释该公约。德国政府不得不接受欧盟委员会发出的官方警告，欧盟委员会将对德国提起诉讼，这可能会让德国面临巨额的罚款。[②]

英国和德国都对欧盟单一市场的进一步开放以及成员国之间在经济体制改革上的合作有着巨大的共同利益。然而，就制度改革而言，这两个国家是从两个对立的角度探讨经济改革问题，这与国内政治传统背景有关。德国依据国家经济体系的经验提出了经济改革建议，其经济体系的特点是：与欧洲其他国家相比，工资水平高，社会保障力度大，受社团主义者的影响深。在所谓的莱茵资本主义领域，虽然工会和雇主利益集团在传统文化中找到了一种相对平稳的彼此合作的方式，但经济的灵活性是有限的，也难以实现根本性的改革。[③]

---

① Christian Schweiger, *Britain, Germany and the Future of the European Union* (New York: Springer, 2007), p. 122.

② German Government Press Release, "Bundesregierung akzeptiert Defizitverfahren der Europäischen Kommission," 2002.

③ Christian Schweiger, *Britain, Germany and the Future of the European Union* (New York: Springer, 2007), p. 126.

德国非常注重保护雇员的权利和福利，并让他们充分参与到企业或公司的运营中。与此相反，英美系自由资本主义制度侧重于通过相对较低的工资和让雇主承担最低的社会成本，强调劳动者具有较高的灵活性。因此说，英国和德国来自完全相反的经济范畴，被描述为"组织井然有序的资本主义"与"组织混乱的资本主义"。[①] 虽然所有大的政党都在传统意义上拥护了企业资本主义的共识模式，然而英国工党与保守派在经济政策上的分歧是非常显著的。

20 世纪 70 年代末，英国保守党和工党之间的分歧最为显著，其中英国保守派支持之后称为里根经济的美式经济自由化，而工党则拥护的是旧式社会主义干预税收和支出的经济政策。德国国内仅在 20 世纪 90 年代初期涌现的、针对莱茵河模式展开的辩论给人留下了深刻的印象，德国当时正在进行重新统一，这副重担就给其经济带来了越来越大的压力。当时有两个对立阵营，都声称拥有正确的方法，能够让德国经济重新回到之前欧洲强国的水平。[②]

2000 年 3 月欧盟成员国领导人在葡萄牙首都里斯本举行了有关经济改革的特别首脑会议，德国和英国政府都强调要进一步放宽欧洲单一市场，确保每个国家都能更好地使用现代通信技术，并提高跨欧洲研究的经费。[③] 如果德国经济和社会体制不进行彻

[①] Elisabeth Meehan, "European Union Social Policy: German and British Perspectives on Industrial Democracy," *Uneasy Allies: British-German Relations and European Integration Since* 1945 (2000): 222-240.

[②] Christian Schweiger, *Britain, Germany and the Future of the European Union* (New York: Springer, 2007), pp. 126-127.

[③] Christian Schweiger, *Britain, Germany and the Future of the European Union* (New York: Springer, 2007), p. 129.

底改革的话，德国国内的经济问题从长远来看将危及德国在欧盟
的地位。① 作为进程的一部分，两国都不会放弃传统的经济改革
方法，然而与体制改革相类似，如果他们能够接受各自国内经济
模式间存在的差异，那么他们就应当能够找到很多的共同点。即
使德国能够让欧洲其他国家看到，其已经控制住了自己病态的经
济状况，德国也只能在经济和社会改革的论辩中保持领先地位。
要想改变经济状况，就需要进行深入的基本结构改革，但并不一
定会导致德国废除社会市场经济的共识模式。与之相反，如果德
国设法采用了英国经济更为成功的因素，如服务行业的集中度，那
么改革后的德国经济就将成为欧洲其他国家争相效仿的模板。德国
强调"个人能动性与社区精神的关系，个性和团结的关系"②，而
英国渴望实现"更大的金融市场一体化以及更为严格的、鼓励竞
争的产品和收购管理体制"③，于是这两种观念相互融合的产物便
造就了改革后的莱茵资本主义的柏林模式，而英德两国在这一领
域的合作伙伴关系具有广泛的基础，不断发展的欧洲单一市场在
试图将经济竞争力和社会凝聚力结合在一起的同时，不会土崩
瓦解。④

　　与欧洲其他国家相比，英国在经济上的成功历程让其具备

① Christian Schweiger, *Britain, Germany and the Future of the European Union* (New York: Springer, 2007), p. 136.
② Gerhard Schröder, *Gerechtigkeit im Zeitalter der Globalisierung: Regierungserklärung von Bundeskanzler Gerhard Schröder: Berlin* (Berlin: Presse-und Informationsamt der Bundesregierung, 2002).
③ Speech by the Chancellor of the Exchequer at the CBI National Conference, Manchester, 25 November 2002.
④ Christian Schweiger, *Britain, Germany and the Future of the European Union* (New York: Springer, 2007), p. 137.

足够的资本与欧洲其他国家在合作过程中讨价还价，如果作为欧盟成员国，英国对欧洲经济的影响势必十分巨大。但是，英国由于历史和地理原因，一直独立于欧洲大陆事务之外，其本身并非欧元区国家，发行独立的货币英镑以保持出口竞争力，拥有自主的财政政策，不可能真正融入欧盟国家之中，在面对利益分歧时，也未获得足够的参与权。种种原因将英国社会引向了脱离欧盟的道路。2013 年 1 月 23 日，时任英国首相卡梅伦正式提出脱欧公投。2016 年 6 月 23 日，英国就是否留在欧盟举行全民公投，投票结果显示支持"脱欧"的票数以微弱优势战胜"留欧"票数，英国成为首个投票脱离欧盟的国家。2017 年 3 月 29 日，英国首相特蕾莎·梅向欧洲理事会签发信件，触发《里斯本条约》第 50 条，启动为期两年的脱欧程序。目前，脱欧进程中的不确定性打击了商业投资热情，致使英国工业产值大幅下滑，英国的中央银行英格兰银行也对未来短期内的投资预期和居民收入持悲观态度。英国，乃至整个欧洲都面临前所未有的新情势，脱欧进程的彻底完成，将会开启欧洲经济的一个新阶段。

结　语
中欧金融组织演化历程比较

一　早期发展道路的选择

回顾人类历史长河，中国始终未能设立与欧美等国家一样的金融组织，这既与历代统治者的意愿有关，也受制于中国当时的资本环境。每当说起中国在清朝或民国时期日渐衰落而未能追赶上西方世界的发展进程的原因，很多学者会把问题的关键归结于近代中国在金融体系方面的缺失。即使把眼光投向中国现代历史，我们仍能看到建立健全金融组织结构对经济，乃至整个社会发展的重要影响。计划经济的最主要问题在于资金集中配置以及随之而来的企业治理。[①] 改革开放以来，西方国家早已从周期性金融危机中得到了深刻的教训，而中国也未能在区域性或全球性经济衰退中幸免。中西方的金融组织和资本市场既有共性又有差异，无论是共性还是差异，都对二者的发展进程产生了重大影响。

[①]　Jean-Laurent Rosenthal and R. B. Wong, *Before and Beyond Divergence：A New Look at the Economic History of China and Europe* (London：Macmillan，2012)，pp. 129-130.

中国和欧洲在 19 世纪以前的发展历程表明了资本成本对经济创新活动具有至关重要的意义。英国在 18 世纪 50 年代便建立了欧洲最先进的金融体系，与其他国家和地区相比，英国的低资本成本极大地推动了其创新活动。而资本成本的差异往往可以通过各国金融组织或机构的差异窥见一二。[①]

公债的出现是长期借贷市场的一大创新，在公债市场正式形成之前，统治者已经开始通过信贷方式进行资金筹措，以支持其政治和军事开支。战争和军备竞争都是十分昂贵而风险巨大的，欧洲的统治者通常只是控制经济的一小部分，因此，使用他们所能支配的收入来支持军事开支有时会显得杯水车薪，政府在和平时期的军事预算是十分有限的，可能难以应对突如其来的战争支出，也无法满足庞大的军备需求。[②] 历史上历次军事冲突让后来的统治者更清楚地认识到，战争经常旷日持久而艰苦卓绝，要取得胜利，必须发挥最大的能力获得经济方面的支持，以维持整个战争时期的必要花费。[③] 自然而然的，欧洲的统治者想到设立能

[①] Jean-Laurent Rosenthal and R. B. Wong, *Before and Beyond Divergence: A New Look at the Economic History of China and Europe* (London: Macmillan, 2012), p.130; Robert C. Allen, *The British Industrial Revolution in Global Perspective* (Cambridge: Cambridge University Press, 2009); Robert C. Allen, "The Industrial Revolution in Miniature: The Spinning Jenny in Britain, France, and India," *The Journal of Economic History* 69 (2009): 641-672.

[②] Philip T. Hoffman and J. L. Rosenthal, "The Political Economy of Warfare and Taxation in Early Modern Europe: Historical Lessons for Economic Development," in J. Drobak and J. Nye. San Diego, eds., *The Frontiers of the New Institutional Economics* (Academic Press, 1997), pp.31-55; Mark Dincecco, "Fiscal Centralization, Limited Government, and Public Revenues in Europe, 1650 - 1913," *The Journal of Economic History* 69 (2009): 48-103.

[③] Lucian Pezzolo, "Bond and Government Debt in Italian City States, 1250-　（转下页注）

够帮助他们筹措资金的机构，这些机构包括中央银行和债券市场等。[①] 其中，中央银行设立的最初目的就是向国家提供短期借贷，以满足政府开支。这些金融机构由于自诞生之日起便肩负着政府的厚望，在其发展过程中，一直肩负着一个重要的使命，就是如何帮助统治者以较低的成本获得长期贷款。[②] 就英国而言，1688年发生的政治变革就保证了王权和议会精英之间的政治均衡，随之而来的一系列金融创新[③]，为英国的君主在欧洲以最优惠的利率获得借款带来了极大的便利。[④]

随后，储蓄银行、场外市场和正式的股票市场、中央银行、

（接上页注③）1650," in W. N. Goetzmann and K. Geert Rouwenhorst, eds., *The Origins of Value: The Financial Innovations that Created Modern Capital Markets* (Oxford, 2005): 145-163; François R. Velde and David R. Weir, "The Financial Market and Government Debt Policy in France, 1746-1793," *The Journal of Economic History* 52 (1992): 1-40; Peter G. M. Dickson, *The Financial Revolution in England: A Study in the Development of Public Credit* (London: Macmillan, 1967).

① Peter G. M. Dickson, *The Financial Revolution in England: A Study in the Development of Public Credit* (London: Macmillan, 1967); Reinhold C. Mueller, *The Venetian Money Market: Banks, Panics, and the Public debt, 1200-1500*, Vol. 2. (Baltimore: Johns Hopkins University Press, 1997); Philip T. Hoffman et al., *Priceless Markets: the Political Economy of Credit in Paris, 1660-1870* (Chicago: University of Chicago Press, 2000); Stephen Quinn, "Securitization of Sovereign Debt: Corporations as a Sovereign Debt Restructuring Mechanism in Britain, 1694-1750," *Ssrn Electronic Journal* (2008).

② Douglass C. North and Barry R. Weingast, "Constitutions and Commitment: the Evolution of Institutions Governing Public Choice in Seventeenth-Century England," *The Journal of Economic History* 49 (1989): 803-832; Peter G. M. Dickson, *The Financial Revolution in England: A Study in the Development of Public Credit* (London: Macmillan, 1967); Stephan R Epstein, *Freedom and Growth: the Rise of States and Markets in Europe, 1300-1750*, Vol. 17 (London: Routledge, 2002); Larry Neal, *The Rise of Financial Capitalism: International Capital Markets in the Age of Reason* (Cambridge: Cambridge Press, 1990).

③ 例如，英国创新性地允许在交易市场上买卖长期国债。

④ Douglass C. North and Barry R. Weingast, "Constitutions and Commitment: the Evolution of Institutions Governing Public Choice in Seventeenth-century England," *The Journal of Economic History* 49 (1989): 803-832.

养老金制度、互惠银行组织、保险公司以及其他一些金融集团如雨后春笋般涌现出来，每个国家都根据本国国情选定了自己发展金融体系的道路，令金融业规模日益扩大。有些国家的金融业存在严重的中央集权；有些国家的金融业国有份额较低；有些国家的金融业发展高度依赖非营利性机构。[①]

与此同时，金融市场随需求的增多而不断发展壮大起来。欧洲的工业化进程对金融体系提出了新的要求。尽管在 19 世纪 50 年代以前，很少有公司采用合资的形式，通过公开募股筹集资金的公司更是寥寥无几，但是资本并没有成为欧洲工业发展的障碍，欧洲的制造商不仅可以依靠传统的金融中介机构（商人银行或商业银行）获得短期贷款，还从更为传统的资金来源（生意伙伴、朋友和家人）获得股票和长期贷款。渐渐地，新兴的金融机构缓慢却又稳健地发展起来。[②]

中国与欧洲之间的重大差异在于，在执行债务或股权合约时，中国没有进行任何系统性的登记。由于中国封建时代信贷史料十分有限，有关地方债务的资料通常只能从一些长期存在的组织的档案里获取。[③]

金融市场和信贷机构在中国封建时代末期出现的证据远远少于其在现代欧洲早期出现的证据，人们经常会对中国金融业的建

---

① Jean-Laurent Rosenthal and R. B. Wong, *Before and Beyond Divergence*: *A New Look at the Economic History of China and Europe*（London：Macmillan，2012），p. 150.

② Jean-Laurent Rosenthal and R. B. Wong, *Before and Beyond Divergence*, *A New Look at the Economic History of China and Europe*（London：Macmillan，2012），p. 150.

③ Jean-Laurent Rosenthal and R. B. Wong, *Before and Beyond Divergence*：*A New Look at the Economic History of China and Europe*（London：Macmillan，2012），p. 151.

立持有保守的看法。然而，对清代法律的研究表明，私人债务是普遍存在的，伴随土地交易纠纷和婚姻纠纷一并提出的债务纠纷是子民向县令提出的一类主要的纠纷。除了私人债务外，商人之间的债务也伴随着提供长途贸易信贷的机构的发展而日益常见。与欧洲相比，中国的商人网络与家族网络重叠，二者的结合发挥着内部资本市场的作用，从而大大减少了陌生人之间签订正式的债务合约的需求。当然，这并不代表中国没有正式的债务协议，只是说明，与欧洲国家的情况相比，债务约定在中国发挥的作用也许更小一些。①

在中国和欧洲，中世纪末的长途贸易都是自商人携带货物开始长途旅行起登上历史舞台的。那些在某种程度上取得了成功的人在其做生意的那几个城市创建了居民业务。在欧洲，针对账簿展开的详细研究是相当普遍的，但中国的情况与之相反，中国针对此项目做的研究要少得多。企业都是由来自同一个地方的人组成，他们彼此之间往往有着亲戚关系。因此，他们经常依据非正式的、记录不完整的机制来支持其交易所需的信贷。②

19 世纪，中国商人使用本票进行交易，他们在一个城市开出本票，经过指定的一段时间，在另一个城市将其赎回，这与欧洲的国内汇票极其相似。这种操作通常不会在陌生人之间进行，只会在

---

① Philip C. Huang, *Civil Justice in China: Representation and Practice in the Qing* (California: Stanford University Press, 1996); Melissa A. Macauley, *Social Power and Legal Culture: Litigation Masters in Late Imperial China* (California: Stanford University Press, 1998).

② Jean-Laurent Rosenthal and R. B. Wong, *Before and Beyond Divergence: A New Look at the Economic History of China and Europe* (London: Macmillan, 2012), p. 152.

隶属于本地人定义的区域性商业网络的人之间进行。① 在英国，一些票据是由所谓的本土银行（钱庄、票号）签发的；其中一些票据如有要求即可赎回，而其他票据则要等到指定时间才能赎回。

中国本土的银行从商人、官员和其他有钱人那里吸纳存款，并针对商业交易和消费贷款达成资金转账或信贷协议。有文献表明，这些银行网络在 19 世纪 40 年代后传播到越来越多的地方，但人们至今还没搞清楚，相同的交易在之前的漫长岁月里是如何进行的。这些金融中介机构还需要在用铜币交换纯度上有不同程度瑕疵的银币的过程中发挥促进作用，这共同构成了中国封建时代的复本位货币制度。外资银行在 19 世纪下半叶进入中国后，成功地通过中国本土银行将自己的资金投入到了中国的金融市场上。② 然而，在 19 世纪末，中国的金融机构在清朝面对政治和财政危机的压力时变得日益脆弱。③

二　金融监管与金融危机

中国的银行在金融体系中发挥核心作用，它们在全局层面上拥有巨大的权重，使其发展不仅对金融业的健康有序运行具有重大意义，而且对整个国民经济产生深远的影响。中国作为全球经济强国在运作时离不开银行，银行需要足够可靠，确保不会发生对国家来说代价太高的经济危机。与此同时，中国在国际上承担

① 叶世昌、潘连贵：《中国古近代金融史》，复旦大学出版社，2001，第 148~152 页。
② 有关 19 世纪下半叶外资银行在华发展情况的统计，详见兰日旭《中外金融组织变迁》，社会科学文献出版社，2016，第 154~161 页。
③ 叶世昌、潘连贵：《中国古近代金融史》，复旦大学出版社，2001，第 190~203 页。

的责任正逐渐加重，因此，中国银行业存在的问题也可能为世界其他地方的银行业务提供可借鉴的经验教训。中国金融业的发展表明，国家可以发挥出巨大而积极的作用。

西方监管机构在金融危机爆发前就制定了完善的监管要求，且中国政府也已多少表示乐意接受这些要求。金融危机打破了权力上的平衡。中国政府为实现其先前已退居幕后的改革议程，在不否定以前的努力或改变监管方式的情况下，摆脱了不断增加的外部压力。中国虽然仍会向最佳实践趋同，会进一步支持《巴塞尔协议Ⅱ》，但对通过让金融业更大尺度地向外国资金开放而进行的全球化持观望态度。虽然就金融发展的主导思想而言，中国监管机构会在国际舞台上继续趋同，但在流程和制度安排方面仍然保有自身的特点。[①]

中国的银行系统具有以下特征：它是高度集中的，但在大多数领域仍然具有竞争力；债券和股票市场各自发挥的作用都很小，所以它对国家经济和国家的发展至关重要；银行可以逐步进入租赁行业或保险业，所以其业务范围变得越来越模糊了；整个银行业作为金融部门，是中央和地方政府干预的重点——无论是明确的还是含蓄的；监管银行所采取的监管措施更注重实用性；破产制度不利于银行的风险敞口，银行也没有任何解决机制；虽然存款保险被广泛讨论，但目前仍不明晰；贷款利率和存款利率可以变化虽然幅度仍然很小，所以金融自由化程度眼下仍然很低；以市场为导向的银行实践只是在最近几年才出现的，因此尚

---

① Violaine Cousin, *Banking in China* (New York: Springer, 2011), p. 14.

缺乏经验；虽然改革导致了股权结构的重组，但国家仍然直接或间接地掌握着大部分银行资产。[①]

大部分西方国家是众多银行与非银行金融机构并存的格局，其中，银行机构居支配地位。我国金融体系的特点是以中央银行为核心，以国有商业银行和政策性银行为主体，多种金融机构并存，实行分业协作。与西方国家不同，中国金融决策体系基本框架中还包括财政部、国家发改委、商务部、银监会、保监会、证监会等部门。中央银行是金融市场的重要监管机构，也是金融市场的积极参与者。中国人民银行是在国务院领导下制定和实施货币政策、对金融业实施监督管理的宏观调控部门。中国人民银行是中国的中央银行，根据 1995 年颁布的《中国人民银行法》规定，中国人民银行全部由国家出资，资本属于国家所有。

中央银行的职能主要包括以下三方面。一是发行的银行。所谓发行的银行，是指中央银行是国家货币的发行机构，它集中货币发行权，统一全国的货币发行。目前世界上除了少数国家（如美国、日本等）的铸币由财政部发行外，大都是由中央银行负责货币的发行。二是银行的银行。这一职能又包括三项：①集中存款准备金；②组织全国范围内的资金清算；③充当最后贷款人。"最后贷款人"是指在商业银行发生资金困难而无法从其他银行或金融市场筹措资金时，中央银行对其提供资金支持。最后贷款人可以发挥以下两个方面的作用：一方面，支持陷入资金周转困难的商业银行及其他金融机构，以免银行挤

---

① Violaine Cousin, *Banking in China* (New York: Springer, 2011), pp. 14–15.

兑风潮的扩大而最终导致整个银行业的崩溃；另一方面，通过为商业银行办理短期资金融通，调节信用规模和货币供给量，传递和实施宏观调控的意图。三是国家的银行。这一职能主要包括：①代理国库；②充当政府的金融代理人，代办各种金融事务；③对国家财政给予信贷支持；④制定并监督执行有关金融管理法规。

如表 1 所示，国有商业银行的表现近年来有了很大改善，与股份制商业银行相比，二者在效率、财务表现和生产率等方面的差距正在逐步缩小。[①] 这一现象的出现不仅是银行改革和结构调整的结果，也得益于金融业环境的改善和资本市场的规范。制度上对财产权保护力度的强化为私营企业的发展提供了更强的动力和保障，也促进了银行业的健康发展。[②]

表 1　银行效率比较

银行效率	2004 年		2009 年	
	国有商业银行	股份制商业银行	国有商业银行	股份制商业银行
资产/雇员 （百万元/人）	14	41	28	56
资产/分行数量 （百万元/家）	261	1162	607	2252

资料来源：国家统计局网站，www.stats.gov.cn。

2007～2009 年金融危机的爆发，许多欧美企业家和投资者将

①　Violaine Cousin, *Banking in China* (New York: Springer, 2011).

②　Iftekhar Hasan et al., "Institutional Development, Financial Deepening and Economic Growth: Evidence from China," *Journal of Banking & Finance* 33 (2009).

目光转向中国，希望中国能够凭借制度的特殊性避免西方资本主义经济的问题，对中国的未来抱有非常积极的预期。事实上，如表 2 所示，在此次金融危机期间，中国部分银行持有了大量的不良资产。尽管有学者对中国银行财务数据的可靠性提出了质疑，但中国大部分银行的业绩仍远优于其欧美同行，中国银行业在危机中的表现仍令世界瞩目。① 这在 21 世纪初还是完全不可想象的事情，也从侧面证明了中国银行近年来取得的显著进步，因为只有通过强大的实力和惊人的业绩，才能令西方世界打破成见，对中国银行业刮目相看。

表 2　中国工商银行、中国银行、中国建设银行受金融危机影响

单位：10 亿美元

风险类型	中国工商银行	中国银行	中国建设银行	总计
次级抵押债券	1.20	3.27	0.24	4.71
次优按揭债券	0.60	1.38	0.29	2.27
其他相关债券	0.06	0.00	0.00	0.06
雷曼兄弟风险	0.15	0.07	0.19	0.42
房利美和房贷美风险（包括两家机构的债券担保）	1.70	9.95	1.50	13.15
迪拜贷款	0	0	1.03	—
总计	3.71	14.67	2.23	20.61

注：表中数据为部分银行所持有的不良资产损失。

资料来源：Violaine Cousin, *Banking in China* (New York：Springer, 2011), p.121。

　　长期以来，中国银行系统一个以中国人民银行为核心的分工明确、有序运行的庞大体系。中国人民银行（The People's Bank

---

① Violaine Cousin, *Banking in China* (New York：Springer), p.119.

Of China，英文简称 PBOC)，简称央行，是中华人民共和国的中央银行，中华人民共和国国务院的组成部门。1948 年 12 月 1 日，在华北银行、北海银行、西北农民银行的基础上，在河北省石家庄市合并组成中国人民银行。中国人民银行成立之后的 30 余年，一直肩负着商业银行和中央银行的双重任务。1979 年，邓小平改革开放政策开始实施，中国人民银行被重新定位为具有监管职能的中央银行。1983 年 9 月，国务院决定中国人民银行专门行使国家中央银行职能，其商业银行业务则由成立于 1984 年的中国工商银行接管。1995 年 3 月 18 日，第八届全国人民代表大会第三次会议通过了《中国人民银行法》，至此，中国人民银行作为中央银行以法律形式被确定下来。现在，中国人民银行的主要职能是在国务院领导下，制定和执行货币政策、防范和化解金融风险、维护金融稳定。

中国是世界上最大的经济体之一，而中国银行业的规模也处于世界领先水平。如表 3 所示，2006 年，中国银行业资产占国内生产总值的 198.3%，同时，贷款余额占国内生产总值的 107.5%。这两个比例远高于世界其他国家，反映出银行业对中国经济的重要意义。表 4 则反映出，2007~2009 年，中国银行系统保持着高速发展态势。2009 年上半年，中国银行总资产的增长率达 18.2%。值得注意的是，中国银行业的发展并不均匀，换言之，各类银行的情况有所不同。例如，2007~2009 年，股份制银行的增长速度基本高于国内同行。[①]

① Violaine Cousin, *Banking in China*（New York：Springer，2011），p. 7.

表 3　中国 GDP、M2 以及银行资产的关系

单位：10 亿元，%

	2006 年	2007 年	2008 年
实际 GDP	22165	26309	30686
M2	34609	40711	47517
总资产	43950	52598	62391
总贷款	23828	27775	32004
M2 占 GDP 比例	156. 1	154. 7	154. 8
总资产占 GDP 比例	198. 3	199. 9	203. 3
贷款占 GDP 比例	107. 5	105. 6	104. 3

资料来源：www. cbrc. org. cn；www. pbc. org. cn。

表 4　中国银行资产增长率

单位：%

银行类型	2007 年 1~6 月	2007 年 7~12 月	2008 年 1~6 月	2008 年 7~12 月	2009 年 1~6 月	2009 年 7~12 月
国有商业银行	7. 9	6. 5	6. 9	5. 3	20. 7	4. 5
股份制商业银行	19. 8	9. 3	12. 3	9. 4	23. 1	6. 7
城市商业银行	12. 5	14. 5	7. 5	15. 0	19. 9	14. 6
其他银行	9. 0	10. 0	13. 9	10. 4	10. 5	9. 0
总资产	10. 4	8. 4	9. 8	8. 1	18. 2	6. 8

注：表中数据反映的是中国银行资产的半年增长率情况。

资料来源：中国银监会：http：//www. cbrc. gov. cn/chinese/home/docViewPage/110009. html。

中国银行业监督管理委员会（简称：中国银监会或银监会，英文：China Banking Regulatory Commission，英文缩写：CBRC）

成立于 2003 年 4 月 25 日，是国务院直属的正部级事业单位。根据国务院授权，统一监督管理银行、金融资产管理公司、信托投资公司及其他存款类金融机构，维护银行业的合法、稳健运行。银行监管是金融监管的一个重要组成部分，其架构的安排既要与金融业的总体发展和监管安排相适应，又要与市场约束、银行内部管理相协调，事实上是一个权衡监管成本和效益安排的结果。银监会的设立向外界显示了政府以加强监管建设为引领，提升行业发展水平的改革意图。2015 年，银监会与新西兰储备银行、科威特中央银行、印尼金融服务管理局、立陶宛银行、英国审慎监管局签署了双边监管合作谅解备忘录或合作换文。截至 2015 年年底，银监会共与 63 个国家和地区的金融监管当局签署了监管合作协议。

截至 2015 年年底，我国银行业金融机构包括 3 家政策性银行、5 家大型商业银行、12 家股份制商业银行、133 家城市商业银行、5 家民营银行、859 家农村商业银行、71 家农村合作银行、1373 家农村信用社、1 家邮政储蓄银行、4 家金融资产管理公司、40 家外资法人金融机构、1 家中德住房储蓄银行、68 家信托公司、224 家企业集团财务公司、47 家金融租赁公司、5 家货币经纪公司、25 家汽车金融公司、12 家消费金融公司、1311 家村镇银行、14 家贷款公司以及 48 家农村资金互助社。截至 2015 年底，我国银行业金融机构共有法人机构 4262 家，从业人员 380 万人。

截至 2015 年年底，银行业金融机构资产总额 199.3 万亿元，比年初增加 27 万亿元，同比增长 15.7%；负债总额 184.1 万亿元，比年初增加 24.1 万亿元，同比增长 15.1%。从机构类型看，资产规模较大的依次为：大型商业银行、股份制商业银行、农村中小金融机构和城市商业银行，占银行业金融机构资产的份额分别为 39.2%、18.6%、12.9% 和 11.4%。[①]

2007~2009 年全球经济危机到来之前，中国已经从新自由主义向国家发展主义转型。国家发展主义使中国能够快速应对危机。2008 年 11 月初，中国政府宣布了大规模的经济刺激计划，当时距离雷曼兄弟崩溃仅过了 7 个星期。此次中国的经济刺激计划预算为 4 万亿元人民币（约合 5860 亿美元），相当于中国 2008 年 GDP 的 13.3%。无论是考虑支出水平还是支出占 GDP 的比例，这都是迄今为止世界主要经济体宣布的最大规模的经济刺激计划之一。[②]

与此形成鲜明对比的是，2007~2009 年全球经济危机后发生的全球经济下滑是自 20 世纪初大萧条以来最严重的经济衰退，全球资本主义处于严重的危机之中。此次经济危机所带来的持续性经济萧条令新自由主义的资本主义全球化在世界各地受到越来越多的批评和攻击，甚至令新自由主义和新自由主义经济政策在许多国家被彻底否定和摒弃。尽管欧美资本主义国家试图通过政府干预挽回经济一蹶不振的颓势，尽管从大型商业银行到保险公司和房地产承销商都尽力避免宣告破产，但是一切政策和措施都收效甚微。从 2007 年底到 2009 年初，资本主义经济经历了自 1929 年大萧条以来最大的

[①]　数据来源：《中国银行业监督管理委员会 2015 年年报》，http://www.cbrc.gov.cn/chinese/home/docView/C41C682055714362AF1C86FEA7486BB5.html。

[②]　Berch Berberoglu, *Beyond the Global Capitalist Crisis: The World Economy in Transition* (London: Routledge, 2016), p.126.

全球经济衰退。

鉴于世界各地新自由主义和新自由主义经济政策的失败，资本主义全球化，作为全球范围内资本主义制度的延伸，导致了这样一场全世界的危机，现在许多人开始思考资本主义经济的未来该向何处去。2009 年 4 月在伦敦举行的 20 国集团（G20）峰会上，各国领导人就此展开了激烈讨论，最终普遍认同继续推行国际金融组织改革、加强金融监管和政府干预、改善金融生态环境和加强国际合作将有助于建立全球经济新秩序，推动资本主义世界经济复苏。①

在欧洲，欧元体系的建立为经济基础较为薄弱的成员国带来了前所未有的机遇，令这些国家有机会通过向这一新的货币体系转换而实现高速的经济增长。欧元由欧洲中央银行（European Central Bank，ECB）和各欧元区国家的中央银行组成的欧洲中央银行系统（European System of Central Banks，ESCB）负责管理。实行统一货币后，不仅节省了巨额交易成本，而且使人才、资金、技术和资源等得到最佳配制，从而获得最大的经济效益。但是，这也将各成员国紧密地捆绑在一起，休戚与共，唇亡齿寒。欧元也加深了全球资本主义债权人的担忧和恐惧，对欧元区某些国家偿债能力的质疑引发了对欧元体系完整性的不信任，从而降低了对欧元区国家的信用评级。②

---

① Berch Berberoglu, *Beyond the Global Capitalist Crisis: The World Economy in Transition* (London: Routledge, 2016), p. 2.
② Berch Berberoglu, *Beyond the Global Capitalist Crisis: The World Economy in Transition* (London: Routledge, 2016), p. 84.

　　伴随着生产成本的上涨，中国经济高速增长所依赖的低成本制造业面临日益严峻的挑战，而 2007~2009 年全球经济危机的爆发无疑加深了这种担忧。中国政府试图通过经济刺激计划改善欠发达内陆省份的经济环境，吸引更多青年劳动力投身家乡建设，以推动这些地区的经济发展和社会进步。然而，这一举措必然使其他地区，尤其是沿海省份的外来劳动力短缺。劳动力市场供给情况的变化以及近年来最低工资水平的提高，令珠江三角洲地区的平均工资水平在 21 世纪初成倍增长。① 这为以劳动密集型产业为经济支柱的地区的私营经济发展提出了现实的问题，也对相应金融体系的健全和完善提出了更高的要求，尤其对信用贷款等业务的开展提出了新的挑战。

　　与欧美等西方国家相比，中国的信用贷款环境一直具有其独特性，其特质甚至可以追溯至新中国成立之前。在 19 世纪 40 年代之前，中国的资本市场既不从政府债务中获利，也基本无亏损可言，因为官方借贷市场几乎不存在，中央政府的大部分支出都可以被当期的财政收入所满足，在欧洲列强入侵之前，中央政府基本没有借贷需求。当时，无论以皇帝为核心的中央政府还是各级地方政府，在偶尔面对财政赤字时都极少求助于信贷市场，而是从盐商手中获得便利的贷款。当急需资金支持其基础设施建设或其他活动时，政府通常通过短期税收政策变动或转移支付解决经费问题。通过中央政府宏观调控解决地方政府财政困难的做法是非常常见的。例如，中央政府可以将从 A 地收取的税赋转移给

---

　　① Berch Berberoglu, *Beyond the Global Capitalist Crisis: The World Economy in Transition* (London: Routledge, 2016).

B 地使用，也可以直接在各地之间调配资源，相邻省份的资源再配置尤为便利。这是中央集权制的魅力所在，但不是万能的，随着中国社会政治和经济环境的变化，资本市场的出现和发展势在必行。

直到 19 世纪 90 年代之前，中国还没有出现与欧洲银行类似的现代意义上的银行组织，没有成型的按揭市场和证券交易市场，没有对于非独资企业的明确立法规定。从某种程度上讲，中国当时制度供给的缺失是由需求的有限决定的。与欧洲国家相比，中国的信贷需求一直较低，劳动密集型的农业生产以及基于此发展起来的制造业都不渴求资本投入，农村制造业的资本密集程度远低于城市制造业的资本密集程度。随着经济发展的重心从农业转向工业，劳动密集型生产开始向资本密集型生产过渡，资本市场在经济发展中的作用日益增大，这些制度和体系方面的缺失显然对工业经济的进一步发展造成了巨大的阻碍。19 世纪 80年代，当工业企业开始形成和发展时，其企业规模远大于几百年前的那些私营手工作坊，必然需要更为强大的资金支持。建立与西方国家相似的金融体系，尤其是资本信贷市场，以满足新兴资本主义工业的发展，在当时已经是迫在眉睫。

上海，作为中国工业、贸易、金融发达的地区之一①，通过

———————

① 上海一直是中国的金融中心。在新中国成立之前，上海曾是远东第一金融中心，无论股票，还是黄金、外汇等金融市场规模全部雄踞亚洲第一。上海是全球第二大期货交易中心，仅次于芝加哥，全球最大黄金现货交易中心，全球第二大钻石现货交易中心，全球三大有色金属定价中心之一。但是，在 1956 年公私合营后，所有资本市场也被关闭。以 1987 年交通银行恢复营业及 1990 年上海证券交易所再度成立为标志，金融市场开始恢复。中国人民银行于 2005 年设立上海副总部。2009 年，上海启动人民币国际结算试点。

仿效西方金融组织构建，创造了类似的资本信贷市场，同时，由于中国社会和经济自身的特殊性，这些信贷市场在本土化过程中进行了大量的调适和创新，以适应其生长环境，从而出现了一些与西方信贷市场不同的特征。与欧洲国家相比，中国的规范性信贷市场欠发达，但非规范形式的信贷活动十分活跃，很多信贷行为通过社会组织和乡土网络实现。这些社会组织和乡土网络的存在，令贷款方更看重借款方的口碑和声誉，也让资本活动更局限于熟人社会。无论是农业生产还是手工业制造，有资金需求的个人都既可以从信贷市场得到资本，也可以通过熟人网络获得贷款。尽管有时存在专业性信贷机构的缺失，但大部分信贷活动都保有完整而详尽的交易记录，有据可循，有章可依。①

三　中央政府与中央银行

与欧美国家相比，中国中央政府对经济的干预程度一直是讨论的焦点，而这一问题反映在金融领域则主要表现为中央政府与中央银行之间的关系。

苏联解体后，每个前苏维埃国家都建立了自己的金融体系，并通过中央银行对整个系统进行监管，因此，全球中央银行数量大幅增加。随着金融机构数量的上升，金融行业从业人员数量也在自然而然地增加。到 20 世纪末，全世界共有 60 万人就职于各国的中央银行。这一现象的出现具有偶发性和暂时性，伴随着全

---

① Jean-Laurent Rosenthal and R. B. Wong, *Before and Beyond Divergence：A New Look at the Economic History of China and Europe*（London：Macmillan，2012），p. 156.

球范围内银行业的调整和发展，银行数量及从业人员规模出现了明显的下降，目前从业人员数量已降至约 35 万人。尽管在个别国家（如瑞士）出现了中央银行从业人员增加的现象，但是，总体来看，中央银行规模缩小是大势所趋，这一现象在欧洲国家表现得尤为突出。如图 1 所示，中央银行人员规模的缩减是显著而迅猛的，这在某种程度上可能归结于中央银行的行业竞争力的下降。在德国，平均每百万人中央银行员工数量从 1995 年的 200.1 人下降到 2007 年的 131.9 人，而英国中央银行的减员情况更为明显，从 1995 年的 68.8 人下降到 2007 年的 28.7 人。由于大部分中央银行在效率及生产率等方面表现得不尽如人意，越来越多的人开始思考中央银行在整个银行体系中所应占有的合理比重。[①]

    中央银行对国家金融监管的参与程度也是一个具有广泛争议性的话题。目前，全世界约有 120 家中央银行直接参与对其他银行和金融机构的监管工作；在某些小国家，中央银行甚至监督和管理着国家的整个金融系统；只有约 60 家中央银行尚未直接介入国家金融监管。从上述比例来看，似乎绝大部分国家的中央银行都直接行使着金融监管职能，但是，如果考虑到中国金融业的情况，这一结论则有些以偏概全。中国是世界上人口最多的国家，而中国的中央银行——中国人民银行，并不直接进行金融监管工作。因此，如果以人口数量作为计算标准，而非单纯考虑国家或中央银行的数量，那么，全球约有 60% 的中央银行具有金融

[①] Howard Davies and David Green, *Banking on the Future*: *The Fall and Rise of Central Banking* (New Jersey: Princeton University Press, 2010), pp. 12–13.

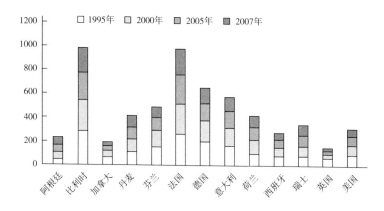

图 1　平均每百万人口中央银行员工数量
资料来源：国际清算银行，http：//www.bis.org/publ/othp04.pdf。

监管职能，而其他 40% 则不直接参与金融监管。①

　　2007～2009 年全球经济危机的爆发向全世界强调了金融监管
和风险防范的重要性，把金融监管职能从中央银行属性中剥离出
去渐渐成为金融业发展的趋势。尽管这一转变过程不可能一蹴而
就，短期内不可能形成世界范围内对金融监管工作专门化的一致
认同，但是，这次大规模的经济危机的确令各国开始重新思考中
央银行在维护金融体系健康稳定运行过程中的最佳定位，并探讨
中央银行对其他银行直接进行监管的合理范围。

　　总体来说，在亚洲国家和地区，中央银行发展的政治和立法
趋势仍不明晰。在中国大陆和印度，中央政府直接影响其货币政

---

①　Howard Davies and David Green，*Banking on the Future*：*The Fall and Rise of Central Banking*（New Jersey：Princeton University Press，2010），pp.15-16.

策，并且其影响是决定性的；在中国香港和新加坡，货币当局控制货币发行，并与政府决策紧密相关；在泰国等国家和地区，直接的改革方案正在促使中央银行转换其在整个金融体系中的角色；在其他国家和地区，中央银行与中央政府之间的关系略为复杂和模糊。[1]

在中国，中国人民银行作为中央银行的职能自 20 世纪 80 年代以来一直在不断发展和变化。经过一系列的改革和调整，中国已经成立了中国银监会、证监会、保监会这三家机构，分别针对银行业、证券业、保险业行使监管职能。同时，商业银行和发展银行的业务被剥离出来，成立了专门提供相应服务的专门性机构。

由此，被大量不良贷款（Nonperforming Loans，NPLs）所困扰的中国银行系统注入了新的活力，来自中国政府的股权投资和来自境外投资者的资本都令银行业振奋不已。尽管中国银行业的发展仍然任重而道远，但目前所取得的成绩已经十分令人瞩目。尽管 2008 年年底开始的经济放缓有可能导致不良贷款问题再度恶化，房地产市场过热的情况也可能形势更为严峻，但是，得益于 21 世纪初金融体系改革所带来的雄厚资本的基础，中国银行业目前的表现已经优于同样处于经济危机后衰退期的各国同行。[2]

---

① Howard Davies and David Green, *Banking on the Future: The Fall and Rise of Central Banking* (New Jersey: Princeton University Press, 2010), p. 219.
② Howard Davies and David Green, *Banking on the Future: The Fall and Rise of Central Banking* (New Jersey: Princeton University Press, 2010), p. 219.

　　在中国，中央政府的影响渗透在金融体系的每一个层面。①

　　各金融监管机构均在国务院领导之下行使其职能，这些机构包括：中国银监会、中国证监会、中国保监会、中国人民银行、财政部、国家外汇管理局、国家发改委。中国的金融监管机构代表了国家权力的延伸，以一种非常切实可行的方式行使其职能，其设立的目的在于维护国家金融体系稳定，提高资本市场运作效率，维护金融业的合法、稳健运行，增强市场信心并保障储户利益。通过营造稳定而良好的经济环境和向政府提供充足的金融资本，这些金融监管机构的根本目标在于维护国家政治和社会安全稳定，它们通常注重联结政府与银行等金融机构，协助二者之间健康互动，而非像西方国家一样主要活跃于金融机构及其客户之间。②

　　同时，为了维护金融系统稳定，中央政府还作为紧急基金的提供者，通过中国人民银行、中央汇金投资有限公司等最终贷款人向陷入困境的金融公司提供援助。在庞大的外汇储备和雄厚的财政收入的支持下，上述机构即使在全球经济危机期间也能够发挥巨大的作用，对流动性暂不足商业银行进行融通。

　　此外，中央政府还间接地为所有大型国有企业和商业银行提供担保，作为隐性的担保者促进资金在大型国有企业和商业银行之间顺畅地流动。与第三方盈利机构不同，中央政府在提供这种间接担保时并不以投资风险为主要考量方面，而是着眼于宏观经

---

① Violaine Cousin, *Banking in China* (New York：Springer，2011)，pp. 56-57.
② Violaine Cousin, *Banking in China* (New York：Springer，2011)，p. 59.

济部署和社会稳定。

与此同时，中央政府还是大部分上市银行、证券公司、基金管理公司和保险公司的控股股东。这种股权控制既可能由中央政府直接完成，也可能借助各级地方政府或国有企业间接实现。

从某种程度上讲，中央政府是银监会等金融监管机构的上级部门，这些机构的所有重大人事任免工作均需经中央政府批准通过，因此，中央政府扮演着雇主的角色，筛选并提名上述机构核心部门的领导人选。在中央政府的主导下，这一选聘和任命的过程所主要考察的候选人资质也与私营机构有所不同，候选人的专业技术素养和相关工作经验固然重要，但更为关键的是其政治觉悟和职业操守。而且，部门间通常存在行业内轮换惯例，在一定程度上降低了监管工作的效率。

综上所述，在中国，金融监管机构、上市金融机构、国有企业、担保人并非相互独立，国家通常将这几种不同的角色集于一身，这些组织的本源都是中央政府及其领导下的各级政府。政府对金融行业的影响体现在方方面面的决策之中，渗透于全部经济部门和一切制度层面。尽管与欧美等西方国家的情况不同，但中国基于其自身经济和社会特殊性而建立和发展起来的这种政府与金融业的关系在很大程度上促进了中国经济持续而稳健的发展，为中国的金融机构和国有企业提供了良好的国际信用评级，确保了以投资为主导的国内生产总值的高速增长。

参考文献

［1］ Alfred Kruse, *Der Mittelstandskredit* (Berlin: Fischer, 1941).

［2］ André Gueslin, "Banks and State in France from 1880s to the 1930s: the Impossible Advance of the Banks," in Youssef Cassis ed. , *Finance and Financiers in European History, 1880 – 1960* (Cambridge: Cambridge University Press, 1991).

［3］ Anke Turner and I. Grossle, " Community Banking Networks and Financial Exclusion: How Savings Banks and Cooperative Banks Contribute to Financial Inclusion in Germany," in Von Mettenheim and Lins, eds. , *Government Banking: New Perspectives on Sustainable Development and Social Inclusion from Europe and South America* (Rio de Janeiro: Konrad Adenauer Foundation Press, 2008).

［4］ Antoin E. Murphy, *John Law: Economic Theorist and Policy-Maker* (Oxford: Oxford Press, 1997).

［5］ Arnd Holger Kluge, *Geschichte der deutschen Bankgenossenschaften: zur Entwicklung mitgliederorientierter Unternehmen* (Berlin: Frankfurt am Main, 1991).

［6］ A. Z. U. Erzeugungs, " Und Absatzbedingungen der

Deutschen Wirtschaft," *Mittler er Sohn* (1930).

[7] Barry Eichengreen, *Golden Fetters: The Gold Standard and the Great Depression 1919－1939* (New York/Oxford: Oxford University Press, 1992).

[8] Berch Berberoglu, *Beyond the Global Capitalist Crisis: The World Economy in Transition* (London: Routledge, 2012).

[9] Brian Mitchell, *British Historical Statistics* (Cambridge: Cambridge University Press, 1988).

[10] Brian Mitchell, *International Historical Statistics: Europe, 1750－1988* (London: Macmillan, 1992).

[11] Caroline Fohlin, *Finance Capitalism and Germany's Rise to Industrial Power* (Cambridge: Cambridge University Press, 2007).

[12] Charles H. Feinstein, *Banking, Currency, and Finance in Europe Between the Wars* (Oxford: Clarendon Press, 1995).

[13] Charles Kahn and A. Winton, "Moral Hazard and Optimal Subsidiary Structure for Financial Institutions," *The Journal of Finance* 59 (2004).

[14] Charles P. Kindleberger, *A Financial Histroy of Western Europe* (London: George Allen & Uniwin, 1984).

[15] Charles Wilson and Geofrey Parker, *An Introduction to the Sources of European Economic History, 1500－1800* (Bristol: Weidenfeld and Nicolson, 1977).

[16] Charles Wilson, *Anglo-Dutch Commerce and Finance in the Eighteenth Century* (Cambridge: Cambridge University Press, 1941).

〔17〕 Christian B. Schweiger, *Britain*, *Germany and the Future of the European Union* (New York: Springer, 2006).

〔18〕 Damien Neven, "Structural Adjustment in European Retail Banking, Some View from Industrial Organization," in J. Dermine, ed., *European Banking in the* 1990*'s*, 2nd edition (Basil Blackwell, 1993).

〔19〕 David B. Audretsch, "The Dynamic Role of Small Firms: Evidence from the US," *Small Business Economics* 18 (2002).

〔20〕 Detlev S. Schlichter, *Paper Money Collapse* (New Jersey: John Wiley & Sons, Inc., 2011).

〔21〕 Deutsche Bundesbank, *Deutsches Geld-und Bankwesen in Zahlen* 1876–1975 (Frankfurt am Main: 1976).

〔22〕 Deutschland Bankenquete, *Stenographische Berichte: Die Verhandlungen der Gesamtkommission zu den Punkten des Fragebogens* (Berlin: Mittler, 1909).

〔23〕 Douglass C. North and Barry R. Weingast, "Constitutions andCommitment: the Evolution of Institutions Governing Public Choice in Seventeenth-Century England," *The Journal of Economic History* 49 (1989).

〔24〕 Eduard Rosenbaum, *M. M. Warburg & Co. Merchant Bankers of Hamburg: A Survey of the First* 140 *Years*, 1789 – 1938 (London: Leo Baeck Institute Press).

〔25〕 Elisabeth Meehan, "European Union Social Policy: German and British Perspectives on Industrial Democracy," *Uneasy*

Allies: *British-German Relations and European Integration Since* 1945 (2000): 222-240.

[26] Elisabeth Paulet, *Financial Markets and the Banking Sector* (London: Pickering & Chatto, 2009).

[27] Entrepreneurship I. Europe, Green Paper Entrepreneurship in Europe (Paper represented in Enterprise Publications, 2003).

[28] Ernst Walb, *Übersetzung und Konkurrenz im deutschen Kreditapparat* (Berlin: Dr. d. Reichsbank, 1933).

[29] Femme S. Gaastra, "War, Competition and Collaboration: Relations between the English and Dutch East India Company in the Seventeenth and Eighteenth Centuries," in H. V. Bowen, Margarette Lincoln and Nigel Ribgy, eds. , *The Worlds of the East India Company* (Leicester: 2002).

[30] Forrest Capie et al. , *The Future of Central Banking*: *The Tercentenary Symposium of the Bank of England* (Cambridge: Cambridge University Press, 1994).

[31] Franklin Allen and Douglas Gale, *Comparing Financial Systems* (Cambridge: MIT Press, 2000).

[32] François R. Velde and David R. Weir, "The Financial Market and Government Debt Policy in France, 1746-1793," *The Journal of Economic History* 52 (1992).

[33] Freek Vermeulen and Harry Barkema, "Learning through Acquisitions," *Academy of Management Journal* 44 (2001).

[34] Friedrich August von Hayek, "First Paper Money in

Eighteenth-Century France", in F. A. Hayek, W. W. Bartley III and Stephen Kresge, eds., *The Trend of Economic Thinking*, Vol. 3 (London: Routledge, 1991).

[35] Friedrich Wilhelm Raiffeisen, "Wilh," *Die Darlehenskassen-Vereine* (1866).

[36] Friedrich-Wilhelm Henning, "Die zeitliche Einordnung der Überwindung der Weltwirtschaftskrise in Deutschland," *Finanz-und Wirschaftspolititische Fragen der Zwischenkriegszeit 73* (1973).

[37] Gary Herrigel, *Industrial Constructions: The Sources of German Industrial Power* (London: Cambridge University Press, 1996).

[38] Gerd Hardach, *Weltmarktorientierung und Relative Stagnation* (Berlin: Duncker und Humblot, 1976).

[39] Gerhard Schröder, *Gerechtigkeit im Zeitalter der Globalisierung: Regierungserklärung von Bundeskanzler Gerhard Schröder: Berlin* (Berlin: Presse-und Informationsamt der Bundesregierung, 2002).

[40] Giancarlo Giudici and Peter Roosenboom, *The Rise and Fall of Europe's New Stock Markets* (London: Elsevier Ltd., 2004).

[41] Gordon Tullock, "Paper Money: A Cycle in Cathay," *Economic History Review* 9 (1957).

[42] Günter Ashauer, "Von der Ersparungscasse zur Sparkassen-Finanz-gruppe," *Die deutsche Sparkassenorganisation in Geschichte und Gegenwart, Stuttgart* 301 (1991).

[43] Gustave Glotz, *Ancient Greece at Work: An Economic History of Greece from the Homeric Period to the Roman Coquest* (New York:

Barnes & Noble Inc. Press, 1966).

［44］Göran Bergendahl, "The Profitability of Bancassurance for European Banks," *International Journal of Bank Marketing* 13 (1995).

［45］Harold James, *Financial Innovation, Regulation and Crises in History* (London: Routledge, 2015).

［46］Harold James, *The Reichsbank and Public Finance in Germany 1924-1933* (Cambridge: University of Cambridge, 1982).

［47］Heiner Leisten and Astrid Stange, *Bancassurance-Wege zur Erfolgspartnerschaft* (München: The Boston Consulting Group, 2002).

［48］Henk W. Volberda et al., "Following the Herd or Not? Patterns of Renewal in the Netherlands and the UK," *Long Range Planning* 34 (2001).

［49］Henry Thornton, *An Enquiry into the Nature and Effects of the Paper Credit of Great Britain* (London: Hatchard, 1802).

［50］Hermann Bente, *Das Eindringen des Staates und der Kommunen in das Bankwesen* (Berlin: Dr. d. Reichsbank, 1933).

［51］Howard Davies and David Green, *Banking on the Future: The Fall and Rise of Central Banking* (New Jersey: Princeton University Press, 2010).

［52］Iftekhar Hasan et al., "Institutional Development, Financial Deepening and Economic Growth: Evidence from China," *Journal of Banking & Finance* 33 (2009).

［53］Jacques Delors, "White Paper on Growth, Competitiveness and Employment: The Challenges and Ways Forward into the 21st

Century," Commission of the European Communities, 1993.

[54] Jean-Laurent Rosenthal and R. B. Wong, *Before and Beyond Divergence: A New Look at the Economic History of China and Europe* (London: Macmillan, 2012).

[55] John Zysman, *Governments, Markets, and Growth: Finance and the Politics of Industrial Change* (Ithaca: Cornell University Press, 1983).

[56] Jorg Kukies, StockMarkets for High Technology Firms and Venture Capital Financing: Evidence from Europe (Ph. D. diss., University of Chicago 2001).

[57] José Manuel Campa and Ignacio Hernando, "M & As Performance in the European Financial Industry," *Journal of Banking & Finance* 30 (2006).

[58] Julian Franks and Colin Mayer, "BankControl, Takeovers and Corporate Governance in Germany," *Journal of Banking & Finance* 22 (1998).

[59] JulianHoppit, "The Myths of the South Sea Bubble," *Transactions of the Royal Historical Society* 12 (2002).

[60] Jürgen Kruedener, *Economic Crisis and Political Collapse: The Weimar Republic, 1924–1933*, Vol. 5 (New York: Berg Publishers, 1990).

[61] J. Garabedian and R. Morette, *Banking on Insurance* (The Boston Consulting Group, 1999).

[62] J. R. Daniel, *Les Enjeux de la Bancassttrance Second Edition*

(Paris: Editions de Vemeuil, 1995).

［63］Kurt Preiss, "Die öffentlichen Kreditinstitute," *Untersuchung des Bankwesens* (1933).

［64］Larry Neal, *The Rise of Financial Capitalism: International Capital Markets in the Age of Reason* (Cambridge: Cambridge Press, 1990).

［65］Laura Bottazzi and Marco Da Rin, "European Venture Capital," *Economic Policy* 17 (2002).

［66］Lawrence H. White, *Free Banking in Britain: Theory, Experience and Debate* (Cambridge: Cambridge University Press, 1984).

［67］Lucian Pezzolo, "Bond and Government Debt in Italian City States, 1250 – 1650," in W. N. Goetzmann and K. Geert Rouwenhorst, eds. , *The Origins of Value: The Financial Innovations that Created Modern Capital Markets* (Oxford, 2005).

［68］Ludwig Eschwege, "Hochfinanz und Mittelstand," *Die Bank* (1908).

［69］Lyn Bicker, *Private Banking in Europe* (London: Routledge, 1996).

［70］Manfred Pohl, *Entstehung und Entwicklung des Universalbankensystems: Konzentration und Krise als wichtige Faktoren*, Vol. 7 (Frankfurt: F. Knapp, 1986).

［71］Marco Da Rin and Thomas Hellmann, "Banks as Catalysts for Industrialization," *Journal of Financial Intermediation* 11 (2002).

［72］ Marco Pagano et al. , "The Geography of Equity Listing: Why do Companies List Abroad?" *The Journal of Finance* 57 （2002）.

［73］ Marco Pagano et al. , "Why Do Companies Go Public? An Empirical Analysis," *The Journal of Finance* 53 （1998）.

［74］ Mark Dincecco, "FiscalCentralization, Limited Government, and Public Revenues in Europe, 1650–1913," *The Journal of Economic History* 69 （2009）.

［75］ Mark J. Roe, *Strong Managers, Weak Owners: The Political Roots of American Corporate Finance* （Princeton: Princeton University Press, 1994）.

［76］ Marten G. Buist, *At Spes Non Fracta: Hope & Co. , 1700–1815* （Merchant Bankers and Diplomats at Work, 1974）.

［77］ Martin Hellwig, "On the Economics and Politics of Corporate Finance and Corporate Control," *Rationalitätskonzepte, Entscheidungsverhalten und ökonomische Modellierung* （2010）.

［78］ Melissa A. Macauley, *Social Power and Legal Culture: Litigation Masters in Late Imperial China* （California: Stanford University Press, 1998）.

［79］ Michael C. Jensen and William H. Meckling, "Theory of theFirm: Managerial Behavior, Agency Costs and Ownership Structure," *Journal of Financial Economics* 3 （1976）.

［80］ Michael Prestwich, "*Italian Merchants in Late Thirteenth and Early Fourteenth Century England*," in Center for Medieval and Renaissance Studies ed. , *The Dawn of Modern Banking* （Yale University

Press, 1979).

[81] Michel A. Habib et al. , "Spinoffs and Information," *Journal of Financial Intermediation* 6 (1997).

[82] Monika Dickhaus, *Innovationen im deutschen Bankwesen* 1918-1931 (Scripta Mercaturae, 1991).

[83] Moshe Buchinsky and Ben Polak, "The Emergence of a National Capital Market in England 1710 - 1880," *The Journal of Economic History* 53 (1993).

[84] Murray N. Rothbard, *A History of Money and Banking in the United States: The Colonial Era to World War II* (Auburn: Ludwig von Mises Institute, 2005).

[85] Murray N. Rothbard, *Classical Economics: An Austrian Perspective on the History of Economic Thought*, Vol II (Northampton: Edward Elgar, 1995).

[86] Nedege Genetay and Philip Molyneux, *Bancassruance* (Springer, 2016).

[87] Niall Ferguson, *The Ascent of Money: A Financial History of the World* (New York: Penguin Books, 2008).

[88] Oliver Hart, "Financial Contracting," *Journal of Economic Literature* 39 (2001).

[89] Oscar Gelderblom and Joost Jonker, "Amsterdam as the Cradle of Modern Futures and Options Trading, 1550 - 1650," in William N. Goetzmann and K. Geert Rouwenhorst, eds. , *The Origins of Value: The Financial Innovations That Created Modern Capital Markets*

(New York: Oxford University Press, 2005).

[90] Parlamento Europeu, Green Paper on Innovation (Paper represented at the Acm Conference on Electronic Commerce, 1995).

[91] Patricia Klarner, *The Rhythm of Change: A Longitudinal Analysis of the European Insurance Industry* (Germany: Springer Fachmedien Press, 2010).

[92] Patrick Vermeulen and Jorg Raab, *Innovations and Institutions: An Institutional Perspective on the Innovative Efforts of Banks and Insurance Companies* (Abingdon: Routledge, 2007).

[93] Peter Bernholz, *Monetary Regimes and Inflation: History, Economic and Political Relationships* (Northampton: Edward Elgar Publishing, 2015).

[94] Peter G. M. Dickson, *The Financial Revolution in England: A Study in the Development of Public Credit* (London: Macmillan, 1967).

[95] Philip C. Huang, *Civil Justice in China: Representation and Practice in the Qing* (California: Stanford University Press, 1996).

[96] Philip T. Hoffman and J. L. Rosenthal, "The Political Economy of Warfare and Taxation in Early Modern Europe: Historical Lessons for Economic Development," in J. Drobak and J. Nye. San Diego, eds. , *The Frontiers of the New Institutional Economics* (Academic Press, 1997).

[97] Philip T. Hoffman et al. , *Priceless Markets: the Political Economy of Credit in Paris*, 1660 – 1870 (Chicago: University of

Chicago Press, 2000).

[98] Piet Clement et al., *Financial Innovation*, *Regulation and Crises in History* (London: Pickering & Chatto Publisher Limited, 2014).

[99] Rafael L. Porta et al., "Legal Determinants of External Finance," *Journal of Finance* 52 (1997).

[100] Rafael Repullo, "AModel of Takeovers of Foreign Banks," *Spanish Economic Review* 3 (2001).

[101] Raghuram G. Rajan and Luigi Zingales, "Financial Dependence and Growth," *The American Economic Review* 88 (1998).

[102] Raghuram G. Rajan and LuigI Zingales, "The Influence of the Financial Revolution on the Nature of Firms," *American Economic Review* 91 (2001).

[103] Raghuram G. Rajan and Luigi Zingales, "What Do We Know about Capital Structure? Some Evidence from International Data," *The Journal of Finance* 50 (1995).

[104] Raghuram G. Rajan and Luigi Zingales, *Saving Capitalism from the Capitalists Crown Books* (New York: Crown Business, 2003).

[105] Raymond de Roover, *The Rise and Fall of the Medici Bank*, *1397-1494* (New York: Norton Press, 1966).

[106] Raymond W Goldsmith, *Comparative National Balance Sheets: A Study of Twenty Countries*, *1688-1978* (Chicago: University of Chicago Press, 1985).

［107］ Reinhold C. Mueller, *The Venetian Money Market: Banks, Panics, and the Public Debt, 1200 – 1500*, Vol. 2 (Baltimore: Johns Hopkins University Press, 1997).

［108］ Richard Ehrenberg, *Capital and Finance in the Age of the Renaissance: A Study of the Fuggers* (New York: Harcourt Brace, 1896).

［109］ Richard H. Tilly, "GermanBanking 1850 – 1914: Development Assistance for the Strong," *Journal of European Economic History* 15 (1986): 113.

［110］ Robert A. Jarrow and Arkadev Chatterjea, *An Introduction to Derivative Securities, Financial Markets, and Risk Management* (New York: W. W. Norton & Company, 2013).

［111］ Robert C. Allen, "The Industrial Revolution in Miniature: The Spinning Jenny in Britain, France, and India," *The Journal of Economic History* 69 (2009).

［112］ Robert C. Allen, *The British Industrial Revolution in Global Perspective* (Cambridge: Cambridge University Press, 2009).

［113］ Robert C. Merton, "An Analytic Derivation of the Cost of Deposit Insurance and Loan Guarantees an Application of Modern Option Pricing Theory," *Journal of Banking & Finance* 1 (1977).

［114］ Roberto Bottiglia et al., *Consolidation in the European Financial Industry* (New York: Palgrave Macmillan, 2010).

［115］ RobertPringle and A. A. Mahate, *The Central Banking Directory* (London: Central Banking Publications, 1993).

［116］Rudolf Hilferding, *Das Finanzkapital*: *Eine Studie über die jüngste Entwicklung des Kapitalismus* (Ignaz Brand Verlag, 1910).

［117］Siegfried Hirsch, *Die Bank*, *ihre Geschäftszweige und Einrichtungen* (Berlin: R. Wichert, 1929).

［118］Statistisches Reichsamt, *Die Deutsche Zahlungsbilanz der Jahre 1924–1933* (Berlin: Reimar, 1934).

［119］Stephan R Epstein, *Freedom and Growth*: *the Rise of States and Markets in Europe*, *1300–1750*, Vol. 17 (London: Routledge, 2002).

［120］Stephen Prowse, "Alternative Models of Financial System Development," *General Information* (1996).

［121］Stephen Quinn and William Roberds, *The Big Problem of Large Bills*: *The Bank of Amsterdam and the Origins of Central Banking* (Federal Reserve Bank of Atlanta Working Paper, 2005).

［122］Stephen Quinn, "Securitization of Sovereign Debt: Corporations as a Sovereign Debt Restructuring Mechanism in Britain, 1694–1750," *Ssrn Electronic Journal* (2008).

［123］Tenney Frank, *An Economic History of Rome* (Kitchener: Batoche Books, 2004).

［124］Theo Balderston, "German Banking Between the Wars: The Crisis of the Credit Banks," *Business History Review* 65 (1991).

［125］Thomas Trauth and Mike Barnshaw, "Lebensversi-Cherungswirtschaft: Rollt die Fusionswelle Weiter?" *Swiss Re Sigma* (1999).

［126］ Untersuchungsausschuss für das Bankwesen, *Untersuchung des Bankwesens* 1933（Berlin: Heymann, 1933）.

［127］ Vera C. Smith, *The Rationale of Central Banking and the Free Banking Alternative*（Indianapolis: Liberty Press, 1990）.

［128］ Violaine Cousin, *Banking in China*（New York: Springer, 2011）.

［129］ Vitor Gaspar et al. , *The Transformation of the European Financial System*（Germany: European Central Bank, 2003）.

［130］ Walther G. Hoffmann, *Das Wachstum Der Deutschen Wirstschaft seit der Mitte des* 19. Jahrhunderts（Berlin: Springer Berlin Heidelberg, 1965）.

［131］ William C. McNeil, *American Money and the Weimar Republic: Economics and Politics on the Eve of the Great Depression*（Columbia University Press, 1986）.

［132］ William LinnWestermann, "The Uninundated Lands in Ptolemaic and Roman Egypt," *Classical Philology* 15（1921）.

［133］ William M. Gouge, *A Short History of Paper Money and Banking in the United States to which is Prefixed an Inquiry into the Principles of the System*（New York: Augustus M. Kelley Publishers, 1968）.

［134］ Youssef Cassis and Philip Cottrell, *The World of Private Banking*（London: MPG Books Group, 2009）.

［135］〔英〕W. H. B. 考特:《简明英国经济史: 1750 年至 1939 年》, 方廷钰等译, 商务印书馆, 1992。

［136］〔美〕查尔斯·金德尔伯格：《西欧金融史》，徐子健译，中国金融出版社，2007。

［137］〔法〕费尔南·布罗代尔：《15至18世纪的物质文明、经济与资本主义》，施康强、顾良译，生活·读书·新知三联书店，2002。

［138］〔英〕克拉潘：《现代英国经济史》（上卷第一分册），商务印书馆，2011。

［139］〔美〕小哈罗德·斯凯博等：《国际风险与保险：环境—管理分析》，荆涛、高蒙、季燕梅等译，机械工业出版社，1999。

［140］〔加〕约翰·赫尔：《期权、期货及其他衍生产品》（第8版），王勇、索吾林译，机械工业出版社，2011。

［141］安月雷：《从私人银行到中央银行：试论18世纪英格兰银行职能的转变》，硕士学位论文，华东师范大学，2009。

［142］陈雨露、杨忠恕：《中国是部金融史2：天下之财》，九州出版社，2014。

［143］程永红：《银行保险的发展及实证研究》，硕士学位论文，四川大学，2002。

［144］胡喆：《我国银行保险发展模式研究》，硕士学位论文，浙江大学，2002。

［145］兰日旭：《中外金融组织变迁》，社会科学文献出版社，2016。

［146］刘金源：《论18世纪英国银行业的兴起》，《历史教学》（下半月刊）2013年第7期。

［147］栾培强：《西方银行保险的发展及其动因分析》，《国际金融研究》2000 年第 8 期。

［148］王巍：《金融可以颠覆历史：挑战世界观的金融故事》，中国友谊出版社，2013。

［149］王勇：《世界金融史上的革命：论十七、十八世纪英国金融体系的形成》，硕士学位论文，贵州师范大学，2008。

［150］夏德炎：《欧美经济史》，上海三联书店，1991。

［151］辛立秋：《中国银保合作研究》，博士学位论文，东北农业大学，2004。

［152］叶世昌、潘连贵：《中国古近代金融史》，复旦大学出版社，2001。

［153］张芝联、刘学荣：《世界历史地图集》，中国地图出版社，2002。

［154］郑伟、孙祁祥：《银保融通产生的背景、发展趋势及对中国的启示》，《财贸经济》2001 年第 5 期。

［155］中经未来产业研究中心：《境外银保合作发展及启示》，www. ccfuture. cn，2015。

致　谢

在本书的写作过程中，我有幸得到多位专家学者和同事、友人的鼎力相助，对此我表示由衷的感谢。

感谢中央财经大学科研处李桂君处长及科研处其他老师，一直以来给予经济学院经济史学系及经济史研究团队真诚的关怀和无私的帮助，支持经济学院经济史学科跻身国内一流学科行列，并在反复的论证和考察后，确定了本系列丛书的研究体系和出版计划，以切实的行动协助包括我在内的多位参与该丛书写作的老师实现了梦想。

感谢中央财经大学经济学院院长李涛教授及学院其他领导对本系列丛书的大力支持，从学院层面为本项目的进行提供了大量帮助，有支援而无索取，有关注而无压力，排除了各位老师的后顾之忧，让大家可以全身心投入丛书的撰写工作之中。

感谢中央财经大学经济学院经济史学系系主任兰日旭教授，作为本系列丛书的负责人和本研究项目的倡议人，以敏锐的学术洞察力和深厚的科研功底提出本系列丛书的主体框架，并对每一部分的研究思路和写作方式提出了细致而全面的建议。兰老师还积极邀请国内外著名经济史学家和青年学者来校交流讨论，为本系列丛书的构思和写作提供了更为广阔的视野和更为丰富的素材。

感谢积极参加书稿研讨会的各位同事，感谢徐华老师、徐学慎老师、伏霖老师、路乾老师、孙建华老师、马金华老师、肖翔老师、孙洪升老师、邹燕老师等同仁对本书写作提出的建议和帮助。感谢王格非、李思沛、李自雄、常合情等研究助理认真协助完成资料整理和文稿校对工作。

此外，我特别感谢本书的责任编辑，社会科学文献出版社的陈凤玲博士和关少华编辑。陈博士师从著名经济史学家高德步教授，在经济史研究方面造诣颇深，不仅以编辑的身份对本书的修改和校订做了非常认真细致的工作，而且从同行学者的角度给予我很多极为重要的意见和建议。关编辑对全书进行了反复的修改，多次与我探讨写作问题，字斟句酌，细致入微，给予我极大的帮助。两位编辑对本书的完成功不可没。

最后，我由衷感激我的家人。与你们在一起，是我人生里最美好的事情。是你们的鼓励和支持让我活成了更好的自己。在我心中，你们就是整个世界。

由于个人水平有限，加上时间仓促，书中疏漏与不妥之处在所难免，敬请各位学者和读者批评指正。

索　引

图书在版编目（CIP）数据

欧洲金融组织演化史 / 孙菁蔚著. -- 北京：社会
科学文献出版社，2017.6
（中外经济比较研究）
ISBN 978-7-5201-1034-1

Ⅰ.①欧…　Ⅱ.①孙…　Ⅲ.①金融组织-经济史-研
究-欧洲　Ⅳ.①F833.503

中国版本图书馆 CIP 数据核字（2017）第 134451 号

·中外经济比较研究·
欧洲金融组织演化史

著　　者 / 孙菁蔚

出 版 人 / 谢寿光
项目统筹 / 陈凤玲
责任编辑 / 陈凤玲　关少华

出　　版 / 社会科学文献出版社·经济与管理分社（010）59367226
　　　　　　地址：北京市北三环中路甲 29 号院华龙大厦　邮编：100029
　　　　　　网址：www.ssap.com.cn
发　　行 / 市场营销中心（010）59367081　59367018
印　　装 / 北京季蜂印刷有限公司

规　　格 / 开　本：880mm×1230mm　1/32
　　　　　　印　张：8.625　字　数：191 千字
版　　次 / 2017 年 6 月第 1 版　2017 年 6 月第 1 次印刷
书　　号 / ISBN 978-7-5201-1034-1
定　　价 / 59.00 元

本书如有印装质量问题，请与读者服务中心（010-59367028）联系